虹と雲

王妃の父が生きたブータン現代史

ブータン王妃
ドルジ・ワンモ・ワンチュック＝著
今枝由郎＝監修
鈴木佐知子＝武田真理子＝訳

Bhutanese and Tibetan Buddhist Culture Series
ブータン・チベット仏教文化叢書❶

平河出版社

of Rainbows and Clouds: The Life of Yab Ugyen Dorji as told to his Daughter
by
Her Majesty the Queen of Bhutan
Ashi Dorji Wangmo Wangchuck

Japanese translation rights arranged with Serindia Publications Inc.
through Japan UNI Agency Inc., Tokyo.

First published by Serindia in January 1999

［原書初版は1999年１月、セリンディア社（西域美術出版社）より刊行された］

日本語版によせて

このたび私の本が日本で出版される運びとなりましたことを、大変うれしく思っております。このささやかな本が、ブータンと日本の両国民にとって、友好と理解を深める一助となれば幸いです。異なる国の人間どうしの交流は、往々にしてささやかなきっかけから生まれるものですが、たがいの国の書物の翻訳出版もそのひとつといえるでしょう。

近年、ブータン人が日本人と接する機会はますます増えつつあります。ほんの三十年前までヒマラヤからはるか遠い国だと思っていた日本のことを、ブータン人はいま熱心に研究し、日本が世界のトップレベルにある様々な分野について学ぼうとしています。わが国を訪れる日本人観光客は年々増加し、両国政府間の関係も深まっていることから、国民は日本について好意的な印象を抱き、詳しく知るようになりました。また一方では、多くの日本人がわが国独自の開発への取り組み方、政治制度、生活に関心を持ち、ブータンの歩みや政策から何か学ぶべきことがあるのではないかと、研究を始めています。

本書の出版に大変な労を割いてくださった方々、中でも、監修者の今枝由郎氏、翻訳者の鈴木佐知子さん、武田真理子さん、グラフィック・デザイナーの杉浦康平氏に厚くお礼を申し上げます。そして何より、文学・芸術に深い理解を示し、本書の日本語版出版に多大なお力添えをくださった仏教教団・阿含宗管長、桐山靖雄師に、心から感謝を捧げます。

二〇〇四年八月

ブータン王妃
ターラーヤーナ財団総裁
ドルジ・ワンモ・ワンチュック

序文および謝辞

「祖父母のうち一番長生きしたアシ・ンゲドゥプ・ペムが亡くなって、もうかれこれ五十年になる。母のアシ・ドルジ・オムも十五年前に亡くなった。両親や祖父母は昔、自分の経験してきたことやご先祖様の話をよく聞かせてくれた。夕飯のあとには皆でかまどを囲み、昔話に耳を傾けたものだ。ちろちろ燃える薪を見ているうちに、私はいつも眠たくなってきて、祖母のアシ・ンゲドゥプ・ペムに膝まくらをしてもらって目をつぶったが、それでも耳はしっかりそばだてていた。子供の頃、そうしてうつらうつらしながら、私は何十代もさかのぼる一族の歴史をしぜんと覚えていった。最近のことはすぐに忘れてしまうが、ずっと昔のことはたいがいはっきり覚えている。私ももう七十に手が届いた。けれどもこれまで、祖父母や両親から聞いた話を孫たちに伝える機会がなかった。自分の人生、特に若い頃にあったいろんなできごともまだ話せずにいる」。これは私の父であり、この本の語り手であるヤプ・ウギェン・ドルジの言葉です。

この本は、父自身の語った人生と時代の変遷を書き留めたものです。父がゾンカ語、つまりブータンの国語で話してくれたことを、ほとんどそのまま聞き書きしてあります。父の記憶のあいまいなところは、伯父のグプ・ワンチュクが補ってくれました。私が父の回顧録を書こうと思い立ったのは、一九九五年、父が七十歳になった時のことでした。父は非常に浮き沈みの激しい、生彩に富んだ波乱の人生を歩んできました。決して恵まれたスタートではなかったものの、成功しようという気概と決意が、その努力――今ではまるで死語のように思われていますが――の原動力になっています。父の昔語りの記録と英訳の作業は、一九九七年の半ばまでかかりました。この三年間、いったいどれだけメモ帳を手に父のあとを追い回したことでしょう。プナカのゾムリンタンに住む父に、日に何度も長電話をかけていた時期もありました。私の質問ぜめに辛抱強く、快く、優しく応じてくれた父に心から感謝しています。いつも身近にいたはずなのに、父や先祖に対する、またその生きた時代に対する私の理解がいかに浅いものであったか、この回顧録をまとめながらあらためて気づかされました。

父の人生をご紹介することで、ブータンについての理解を深めていただけたらうれしく思います。この本で初めて公にされる国家的事件も多々あります。例えば、若きシャプドゥン・ジクメ・ドルジを死に追いやることになった事件のいきさつも、本書で初めてありのままの事実が語られます。これは今まで、ブータンの歴史の中でタブー視されてきた事柄でした。

兄のサンギェ・ンゲドゥプの励ましと貴重な助けがなければ、この本をまとめることはできなかったでしょう。兄は最後まで私を支えてくれました。同じく私を支え、助けてくれた姉や妹たち、弟たち、家族や友人たちにも深く感謝しています。私の手元にない写真を提供してくれた、父方の多くの親族にもお礼を述べたいと思います。またロベール・ドンプニエ氏は、本文に関わる場所や建物のすばらしい写真を撮影し、語りに鮮やかな彩りを添えてくださいました。そして、この本を世に出すために心血を注いでくれたカルマ・ウラ氏には、あらためて心よりお礼申し上げます。カルマ・ウラ氏とアントニー・アリス氏は、編集と装幀も手がけてくださいました。

娘のソナム・デチェンと息子のジゲルは、追い込みに入った数か月、私がこの本にかかりきりになっているあいだ、自分のことをきちんと自分でやってくれました。あなたたちが二人とも、自立した人間に育ったことをうれしく思います。

この本を父と母に——この先いくたび生まれ変わろうと、決して報いきれないほどの恩を受けた、私たちの両親に捧げます。

一九九八年九月　モティタンにて

ドルジ・ワンモ・ワンチュック

【目次】

本書を読まれる前に

今枝由郎

本書は、ブータン王妃アシ（王家・貴族の女性の敬称）・ドルジ・ワンモ・ワンチュック陛下が、ヤプ（父に対する敬称）・ウギェン・ドルジからの聞き書きをまとめて、父の回想録としたものである。

ヤプ・ウギェン・ドルジは、一九二五年生まれで、その回想に登場する人物は、十九世紀にまでさかのぼる。当時のブータンの時代背景は、日本ではほとんど未知の領域であり、はじめてブータンに接する読者には、理解し難いであろう。殊に、一九〇七年を境に、チベット仏教ドゥク派の「化身」による支配体制から、ワンチュック家の世襲王制への移行、そしてその確立にいたる過渡期にあたるので、なおさらのことである。

また、ブータン人の名前は、日本語では当然のこととしてカタカナ表記されるが、その意味がわからない人にとっては、無味乾燥な音の、しかも結構長い連続に過ぎず、記憶しにくいであろう。

この二点を考慮して、冒頭に以下の二項を書き下ろした。本書を読まれる方に、何らかの手助けになれば幸いである。

時代背景

ブータンの歴史は、チベット皇帝ソンツェン・ガンポ（六四九年没）により建立されたと伝えられるいくつかの仏寺により幕をあける。八世紀には、インド出身の高僧パドマサンバヴァがブータン各地を訪れ、密教系の仏教を広めた。彼は、ニンマ派すなわち「旧派」の開祖として、ブータンのみならずチベット仏教圏全域で、グル・リンポチェ「貴い師」と呼ばれ、現在まで民衆の間で篤く信奉されている。

十一世紀以後のブータンは、チベット仏教の諸宗が、ブータンに自らの宗派の教えを広めようと鎬《しのぎ》を削った「諸宗割拠」時代であり、その中の一つがドゥク派（ドゥクとは、「龍」の意で、本山を建立中に、チベット人の信仰では龍の叫び声とされる雷が鳴り響いたので、そう名づけられた）である。ドゥク派は、南チベットの有力氏族ギャ氏により十三世紀初頭に創設された氏族教団で、本山がブータンに近かったことから、はやくからブータンに伝わった。

一六一六年、ドゥク派の第十七代座主シャプドゥン（「その御足の御前にかしずかなくてはならない師」という称号）・ンガワン・ナムギェル（一五九四―一六五一）は、政治的理由でブータンに亡命した。以後一六五一年に亡くなるまでに、ブータンでのドゥク派の勢力を拡大し、ブータンをドゥク派の国、すなわち「ドゥク・ユ」として統一した。現在のブータンの正式国名は、ここに由来する。

ドゥク派は、それまで化身相続ではなかったが、ギャ氏の直系子孫が絶えたため、以後はシャプドゥン・ンガワン・ナムギェルの化身系譜を長とする僧侶による政治体制が確立された。化身系譜に二つあり、一つは「意」の化身であり、もう一つは「口」の化身である。前者は、ジクメ・タクパ（一七二四―一七六一）を一世とし、一般にシャプドゥンと呼ばれる。後者はチョクレ・ナムギェル（一七〇八―一七三六）を一世とみなし、以後はその名にちなんでチョクレ・トゥルク（トゥルクは化身の意）と呼ばれる。

シャプドゥンは聖俗両面にわたる長であり、その下に聖俗各々の名代として、ジェ・ケンポ（大僧正）とデシ（摂政）が置かれた。ジェ・ケンポは、冬はプナカ、夏はティンプと季節移動する中央僧院の長であり、ブータン仏教界の最高権威である。一方デシは、中央政府の長であり、政治権力の頂点であった。当初のドゥク派政権は、担当者が全員僧侶であったがゆえに、本来ならば寺院が拠点となるべきであった。しかし、寺院から俗権を行使することは、仏教の立場からは不都合な面があり、憚《はばか》られた。それゆえに、ゾンと呼ばれる寺院兼城という特殊な形態が生まれ、それが中央・地方の政治・宗教両面の中枢となった。

中央政庁のあるティンプとプナカ以外のブータン全体は、東・西・南に三区分され、その中心地（西はパロ、東はトンサ、南はダガナ）にペンロプと呼ばれる地方長官が任命された。

十八世紀、十九世紀と時代を下るにしたがって、ティンプ、プナカの中央政府の権力は弱まり、トンサとパロの東西のペンロプが実質上の権力を掌握することになった。

一九〇七年になり、トンサ・ペンロプのウギェン・ワンチュックが初代世襲国王に選出され、三世紀近く続いたドゥク派化身統治政体は幕を閉じた。しかし、ブータンにおける仏教勢力としてのドゥク派は存続し、ブータンが「ドゥク・ユ」であることは今日まで変わらない。いってみれば、デシ（摂政）が国王に変わっただけで、シャプドゥンの化身系譜は続き、中央僧院長としてのジェ・ケンポ職も現存している。これが、一九〇七年以後のブータンの国体の問題であり、国王とシャプドゥンの対立は不可避となり、本書ではじめて公表される二代国王ジクメ・ワンチュックによるシャプドゥン・ジクメ・ドルジの暗殺への伏線となっている。

ワンチュック王朝は、まもなく一世紀を迎えようとしている。初代国王ウギェン・ワンチュックが王制の父とすれば、二代国王ジクメ・ワンチュックは王制の確立者であり、三代国王ジクメ・ドルジ・ワンチュックは「近代ブータンの父」である。そして現四代国王ジクメ・センゲ・ワンチュックの下、ブータンは「国民総幸福」を目ざして、独自の道を歩んでいる。

本書に語られるヤブ・ウギェン・ドルジの回想・半生に、このブータンの歴史が雄弁に反映されている。

ブータン人の名前

ブータン人の名前で、日本人にとって一番予想外というか、実感として理解しにくいのは、姓がないことである。つまり、ブータン人の名前はすべて一人一人のまったく個人的なものであり、日本のように代々に及んで一つの家なり家系の全員に共通の要素はない。それゆえに名前からは親族関係は一切見当がつかない。現在の王家を一般にワンチュック家と呼ぶが、これは例外的なことであり、またつい最近になってからの慣習である。ウギェン・ワンチュックが一九〇七年に世襲王制の初代国王に選出されてから、この直系をワンチュック家として、以後歴代国王および王室の者の名前の最後には、すべてワンチュックが付けられるようになった。それゆえにワンチュックが姓(family name)のようにみなされるが、これは厳密な意味では正しくない。いってみれば、日本でも幾つかの家系が、歴代の子孫全員の名前に、ある一つの漢字(たとえば、為とか公)を付ける習わしがあるのと同じである。ちなみに、初代国王ウギェン・ワンチュックの父は、ジクメ・ナムギェルで、両者の名前には共通要素はなく、名前からでは両者が父子の関係にあることすらわからない。

ブータン人の名前は、カルマ・ドルジとかタシ・ツェリンといったように一般に二語からなっている。なかには、一語だけの名前もあり、また二語で構成される名前を持つ人でも、実際の日常生活では、そのうちのどちらか一語で呼ばれる・知られている場合がよくある。

大半の名前は、男性にも女性にも共通に使われる。ただほんの少数、ドルマ、ラモ、ワンモのように女性だけに用いられる名前があるが、それらはすべて語末がマ、ム、モである。ただし、ま行で終わっている名前は全て女性の名前かというとそうではなく、ペマのように男女に共通の名前もある。だから、日本人の場合には名前からその人の性別が大体推測できるが、ブータン人の場合は、名前からだけではその人が男性なのか女性なのかはわからない。

名前そのものではないが、名前に関する習わしとして、女性は結婚しても名前を変えることはない。姓がないのだから当然とはいえるが、一般に結婚後は夫の姓を名乗る日本・西欧とはまったく異なる風習である。さらに既婚の女性を呼ぶ場合に、夫の名前にMsを冠して呼ぶことはない。たとえば、タシ・ツェリン氏の夫人ペマ・ノルゾムさんを呼ぶのに、〝Msタシ・ツェリン〟と呼ぼうものなら、〝タシ・ツェリンは私の夫の名前で、私の名前はペマ・ノルゾムです〟と返事されるであろう。

以下に、本書に現われる主な名前とその意味を列挙する。*をつけたのは、女性名である。ブータン人の名前もただ単なる音としてではなく、その意味がわかるとまた別な趣が出てくるであろう。〝名は体を表わす〟といった感じの人もあれば、名前とは似ても似つかぬ人もあるであろう。たとえば、現国王ジクメ・センゲ・ワンチュックは〝(相手を)恐れることがない力強い獅子〟といった意味で、まことに国王にふさわしい立派な名前である。

イエシエ……智慧
ウギェン……ウギェン国(グル・リンポチェの生まれた国)
ウラ……中央ブータンの谷の名前。この谷出身の人に付けられる。
*__オム__……ワンモの短縮形
カルマ……業
ギェルツェン……勝利の幡
ギュルメ……不易
クンガ……歓喜
クンサン……普賢(菩薩)
クンレ……すべてに優れた
ケサン……福徳
サンギェ……仏
*__ザム__……サンモ、ザンモの短縮形
*__サンモ__……善良な女
*__ザンモ__……サンモと同じ
ジクメ……不畏、恐れない
シャキャ……釈迦族(ブッダの出身種族)
シンゲ……センゲと同じ
センゲ……獅子
ソナム……功徳
ダクパ……名声
タシ……吉祥
ダワ……月、月曜日(生まれ)
ダヲ……ダワの訛り
チュギェル……法王
チョデン……法灯
ツェテン……寿命の確たる者
ツェリン……長寿
ツェワン……長寿にして強力
ティンレ……行為
デチェン……至楽
*__デム__……ドルマの短縮形
テンジン……仏法を守る者
デンドゥプ……成就
トゥジ……慈悲
トプギェ……威勢
ドルジ……金剛(杵)
*__ドルマ__……ターラー尊
ナムギェ(ル)……勝利

ニマ……………太陽、日曜日（生まれ）
ニム……………ニマの短縮形
ノプ……………ノルプの短縮形
ノルプ…………宝
プンツォ………円満成就
ベダ……………サンスクリット語ブッダ（仏）の訛った形
ペマ……………蓮華
ペム……………ペマの短縮形
ペルデン………栄誉ある
ペンジョル……繁栄、富
ヤンゾム………富裕
ヤンチェン……妙音
ユンテン………威徳
リンジン………真言に通じた者
リンチェン……宝
レキ……………良好＋幸福
*レム…………レモの訛り
*レモ…………善女
レンケ…………倶生神
ワンチュ（ッ）ク…強力な（本書では、ワンチュックは王家の「姓」に限定し、他はワンチュクとした）
ワンディ………権力のある
*ワンモ………力強い女
ンガワン………言辞に優れた
ンゲドゥプ……成就

一見してわかるように、大半が仏教に由来する。このあたりにも、仏教がブータン人の生活にいかに深く浸透しているかがうかがえる。命名に関しても、多くの場合は高僧とか、近くの寺のお坊さんに名前を付けてもらう。

曜日の名前も多いが、これはまさにそのもので、日曜日に生まれた子供には、単純にニマと名付けることが田舎ではよくある。

虹と雲……王妃の父が生きたブータン現代史

本文中に付した＊は訳注を示し、●＋算用数字は「ヤプ・ウギェン・ドルジの系譜図」中の人名番号を示す。

第1章 黄金の重みのラマ

昔々、九世紀のこと、崇仏派のチベットの皇帝レルパチェンが、仏教排斥をもくろむ一派に王座を追われた。というのも仏教はその頃、土着の宗教のボン教に取って代わろうとしていたからだ。一派はレルパチェンを暗殺したが、もくろみを成功させるには、さらにその側近や兄弟も排除しなければならない。そこで、レルパチェンの兄弟のツァンマ皇子をチベットから追放しようと策略をめぐらし、大勢の占星術師に金をやって、皇子にこう進言させたという。「このまま国内にいらしては、お命が危のうございます。わが国はまもなく飢饉《ききん》、争乱、疫病に見舞われるでございましょう」。占星術師たちはツァンマ皇子に、ロ・モン（当時のブータンの呼び名）へ行くよう勧めた。こうしてツァンマ皇子は、チベットからブータンのパロ地方にやって来た。皇子はブータンじゅうを広く旅して、ティンプ、ワンディ・ポダン、トンサ、シェムガン、モンガル、タシガン地方を訪れ、最後にタシ・ヤンツェ地方のツェンカルに腰を落ち着けた。そして、ツァンマ皇子とその子孫は、ツェンカル一帯のあちこちの谷に王国を築いていった。皇子の孫のゴンカルギェルはコロンテの王になり、その息子や子孫は次第に東ブータン一帯に進出していき、世襲の地方領主や貴族になった。こうした家系は東ブータンで「コチェ」とか「ポンチェン」などと呼ばれている。

ツァンマ皇子の子孫の一人は、今のインド北東部、アルナチャル・プラデシュ州のタワンに、セルサン僧院を開いた。創建者のラム*・セルキ・ポティ[9]は、ツァンマ皇子から数えて二十四代目の直系の子孫とされている。僧院の長は代々、ラム・セルキ・ポティの直系の子孫が務め、いつしかセルサン・ラムと呼ばれるようになった。セルサン・ラムとは、直訳すれば「黄金の重みのラマ」という意味だ。ツァンマ皇子の血を引き、また高い学識を持った彼らを、人々はその体重と同じ目方の黄金ほども貴いと考えたのだ。初代セルサン・ラムが亡くなると、息子のラム・リンチェン[10]が跡を継いだ。そしてその後も三代セルサン・ラムのロペ・シディ[11]、四代セルサン・ラムのソナム・ドゥギェル[12]、五代セルサン・ラムのギェルツェン・

*――高位の僧侶につける敬称。チベット語で僧侶を指す「ラマ」のゾンカ語形。

ドルジ[16]と、父から子への相続が続いていった。この五代目僧院長のギェルツェン・ドルジは、ジクメ・ナムギェル（一八二五—一八八一）の後ろだてとなり、何度も加勢して戦ったという。ジクメ・ナムギェルは、一八七〇年にブータンの四十九代デシ（摂政）となり、その子息のウギェン・ワンチュック（一八六二—一九二六）が、一九〇七年にブータンの初代国王に選ばれることとなる。

さて、その頃の東ブータンで、五代セルサン・ラムと並ぶ宗教的・社会的有力者に、アジャ・ラムと呼ばれる人物がいた。アジャ・ラムの信者や弟子には、百人の在家僧侶と百人の尼僧がいたという。アジャ・ラムとセルサン・ラムは親交が深く、どちらも名門の出なので互いに尊敬し合っていたようだ。アジャ・ラムは当時、東ブータンで相当な影響力と名声を誇っていたらしいが、その勢いで少しばかり出過ぎたまねをしてしまった。セルサン・ラムのギェルツェン・ドルジを、もとの領地のタシ・ヤンツェ地方に加えて、タシガン地方のゾンポン（「ゾンの長」の意。地方長官）に任命したのだ。これはプナカの中央政府に無断でされたことだった。たんに任命を取り消せばすむことだったが、政府はこの行為を重く受け止めて、厳しく処罰した。ジャンプ・ドゥンパという人物に命じて、アジャ・ラムを暗殺させたのだ。「ジャンプ」というのは村の名前で、「ドゥンパ」はその長という意味だ。アジャ・ラムの弟子たちは激しく怒り、復讐としてジャンプ・ドゥンパを殺した。それをきっかけに、この地方一帯は大いに乱れ、手のつけられない状態になった。ギェルツェン・ドルジは、この思いもよらぬなりゆきに身の危険を感じ、チベットに亡命した。

事件のほとぼりが冷めた頃、ギェルツェン・ドルジはようやくブータンに戻ってきた。そして六十代の時、偉大な埋蔵法典発掘僧（テルトェン）グル・チュワンの子孫の、うら若い乙女ヤンチェン・ドルマ[17]と再婚した。埋蔵法典発掘僧すなわちテルトェンというのは、グル・リンポチェ（第4章40—41頁参照）が埋蔵した宝物《ほうもつ》を発見することができる選ばれた僧侶で、自然の中から仏具を見つけることもあれば、予言に従って経典を見つけることもある。またヤンチェン・ドルマは、ツァンマ[14]皇子の血筋を引く、インドはアルナチャル・プラデシュ州、ドムカル・メロンの王の子孫でもあった。ヤンチェン・ドルマの父ユンテン・プンツォ[15]が、ドムカル・メロン四代目の王、タシ・ナムギェルのひ孫だったのだ。そういうわけで、セルサン・ラムのギェルツェン・ドルジとヤンチェン・ドルマは、結婚するとドムカル・メロンに落ち着いた。妻が身ごもった時、ギェルツェン・ドルジは「生まれる子供はトゥルク（高僧の化身）だ」と予言したが、一九〇五年に息子が生まれるのを見ることなくこの世を去った。ギェルツェン・ドルジの予言は正しかった。というのも、ジクメ・ドルジ[27]と名づけられた子供は片言をしゃべるようになると、タロのことばかり話したからだ。ブナカ谷にあるタロは、代々ブータンの精神的支配者であるシャプドゥンの化身の居城だった。タロは歩いて十日もかかる距離にあったが、子供はドムカル・メロンはいやだ、タロがいいと言ってきかなかったという。

始祖シャプドゥン・ンガワン・ナムギェル(一五九四―一六五一)の五代目「意」の化身、シャプドゥン・ジクメ・チュギェルの生まれ変わりがいるらしい、という噂は、中央政府の高官の耳にも届いた。始祖シャプドゥンは、ブータンを初めて仏教国家として統一した高僧だ。一六五一年に彼が亡くなると、その「身、口、意」を体現する三人の化身が現れた。シャプドゥンの三人の化身は、国外ではダルマ・ラージャ(法王)と呼ばれ、デプ(=デシ)・ラージャ(摂政王)とともに中・近世のブータンを支配した。「意」の化身一世はジクメ・ダクパだ。「身」の化身はシッキム王家の王子だったが、当時シッキムは内乱状態にあったので、結局ブータンに来ることはなかった。王子が亡くなると、「身」の化身の系譜はそれきり途絶えた。「口」の化身一世は、ダガナ地方のニンドゥカ生まれのチョクレ・ナムギェルだった。

「意」の化身
シャプドゥン一世　ジクメ・ダクパ(一七二四―一七六一)
シャプドゥン二世　チュキ・ギェルツェン(一七六二―一七八八)
シャプドゥン三世　ジクメ・ダクパII(一七九一―一八三〇)
シャプドゥン四世　ジクメ・ノルブ(一八三一―一八六一)
シャプドゥン五世　ジクメ・チュギェル(一八六二―一九〇四)
シャプドゥン六世　ジクメ・ドルジ(一九〇五―一九三一)

「口」の化身
チョクレ・トゥルク一世　チョクレ・ナムギェル(一七〇八―一七三六)
チョクレ・トゥルク二世　シャキャ・テンジン(一七三六―一七八〇)
チョクレ・トゥルク三世　イェシェ・ギェルツェン(一七八一―一八三〇)
チョクレ・トゥルク四世　ジクメ・ドルジ(一八三一―一八五〇)
チョクレ・トゥルク五世　イェシェ・ンゲドゥプ(一八五一―一九一七)
チョクレ・トゥルク六世　ジクメ・テンジン(一九一九―一九四九)

幼いジクメ・ドルジが六代目「意」の化身と認定されたのは、シャプドゥンの五代目「口」の化身、チョクレ・トゥルク・イェシェ・ンゲドゥプ[2]が、その居城サン・チュコル・ゾンにあった頃のことだった。ウギェン・ワンチュック国王は、ご自身の名代と中央僧院の高僧からなる代表団を、ドムカル・メロンに送られた。「中央僧院」というのは、ブータンの大僧正ジェ・ケンポ*猊下《げいか》を長とし、夏はティンプのタシチュ・ゾン（通称ティンプ・ゾン）、冬はプナカのデチェン・ポダン・ゾン（通称プナカ・ゾン）を本拠とする僧団だ。代表団は先代シャプドゥンのジクメ・チュギェルが愛用していた品々を持っていき、それを先代シャプドゥンとは関係のない似たような品とごちゃまぜにして、幼いジクメ・ドルジの前に置いた。するとジクメ・ドルジは迷わず「自分の」物を選び、先代シャプドゥンに仕えていた従者まで難なく見分けた。

　ジクメ・ドルジが本物の化身かどうかを見極める試験に合格すると、幼いシャプドゥンと親族をタロまで送り届けるために、大勢の従者が二十頭の馬を用意してやって来た。ジクメ・ドルジは、タロで即位し、新しいシャプドゥンとなるのだ。ドムカル・メロンはブータンの東の国境に近く、タロは西ブータンにある。一行のタロへの旅は、おそらく十日以上かかっただろう。この時、シャプドゥンと一緒にタロへ行った大勢の親族の中に、母のヤンチェン・ドルマ[17]と、姉のドルジ・オム[25]もいた。ドルジ・オムがついてきたということは、このあとの話で非常に重要になるので、覚えておいてほしい。ヤンチェン・ドルマの異父妹、つまりシャプドゥンの叔母に当たるノルモと、ヤンチェン・ドルマの姪《めい》のシトゥ・ベダも一緒にタロへやって来た。一行はドムカル・メロンからタロへ向かう旅の途中、ジャカル・ゾンの上手にあるウギェン・ワンチュック国王の宮殿、ラメ・ゴンパに立ち寄った。国王は、シャプドゥンの化身に会うのを今か今かと待っておられた。陛下はこの上なく丁重に一行をもてなし、シャプドゥン・ジクメ・ドルジと親族にたくさんの贈り物をくださった。陛下が幼いジクメ・ドルジをお膝の上に乗せられると、子供は、陛下の長いあごひげをなでながらこう言った。「約束のミトゥン牛（特別な品種の牛）はどこ？」。それはウギェン・ワンチュック国王が、先代シャプドゥンと交わしていた約束だった。王は子供の言葉に胸を衝《つ》かれ、はらはらと涙をこぼされた。確かに国王は、生前の先代シャプドゥンにミトゥン牛を贈ることになっていたが、それは当の二人以外誰も知らないことだった。「あなたにミトゥン牛をさしあげよう。タロへ連れて行かれるがよい」と、国王は心からすまなそうに言われた。

　こうしてシャプドゥン・ジクメ・ドルジは、タロ・ゾンに落ち着いた。正式に即位する前に、シャプドゥンがついた師は、トゥルク・ロポン・カムテ・メプ、つまり「貴いお方に不釣り合いな先生」という不名誉なあだ名を持っていた。このあだ名からすぐに分かるように、この僧侶は、シャプドゥンのようなきわめて位の高いラマの師にふさわしい人物ではなかった。それでも一九一二年、ジクメ・ドルジは七歳にして、プナカのデチェン・ポダン・ゾンで無事即位した。

　シャプドゥンの六代目「意」の化身、ジクメ・ドルジが一九〇五年に生まれた時、もう一人の化身、つまりシャプドゥンの五代目「口」の化身、チョクレ・トゥルク・イエシエ・ンゲドゥプ[2]は五十四歳になっていた。そして幼い「意」の化身ジクメ・ドルジが、親族と一緒にドムカル・メロンから西ブータンのタロへやって来た時、五代目「口」の化身は、パロ谷の上手にたたずむ大僧院、サン・チュコル・ゾンに住んでいた。

　ここまで、シャプドゥンの六代目「意」の化身、ジクメ・ドルジとその親族がどういう出自で、どんないきさつでタロへやって来たか、詳しく話してきた。今度は同じように、シャプドゥンの五代目「口」の化身、チョクレ・トゥルク・イエシエ・ンゲドゥプが、西ブータンにあるパロ谷のサン・チュコルにやって来たいきさつについて話そう。彼もやはり、パロからはるか遠いところで生まれたのだ。

　チョクレ・トゥルク・イエシエ・ンゲドゥプは、一八五一年、中央ブータンのブムタンのタン谷にあるチュテ村で生まれた。母方の家系は、偉大な埋蔵法典発掘僧ペマ・リンパ（一四五〇—一五二一）に連なる家で、息子を身ごもる前、母親は不思議な体験をしたという。ある日、小麦の刈り入れに行って束を刈り取っていると、畑に大きな穴があいている。中をのぞいてみた彼女は仰天した。白馬にまたがり、白い絹の服をまとった、白い肌の男がいたからだ。男は畑の穴から躍り出て、空のかなたへ飛んでいった。母親は続けて、色違いで何度も同じ光景を見た。黄色い馬にまたがり、黄色い絹の服を着た、黄色い肌の男。赤い馬に乗り、赤い絹の服を着た、赤い男。緑の馬に乗り、緑の絹の服を着た、緑の男。青い馬に乗り、青い絹の服を着た、青い男。どの男も現れては、空のかなたへ飛び去っていった。この妊娠の予兆からしばらくして、彼女は牛小屋に敷く松葉を拾いに行った。その緑の松林の中で、今度は青いゴ（男性の着物）と白いシャツを着た、背の高い色白の美男子に出会った。さらに臨月が近づくと、天井から一筋の光が射し込み、夜明けから日暮れまで寝台を

*—化身系譜であるシャプドンが最高位で、それに次ぐ高僧。

照らすようになった。その光は息子が生まれた日に消えた。あの五色の男たちは伝説のリン・ケサル王の五人の化身だ、そして母親が松林で会った男がケサル王その人で、彼こそ赤子の父親に違いない、と人々は噂した。イェシェ・ンゲドゥプと名づけられた子供は、やがて先代チョクレ・トゥルクの生まれ変わりと認定され、パロのサン・チュコル・ゾンに迎えられた。チョクレ・トゥルク・イェシェ・ンゲドゥプは、一九〇四年から一九〇七年まで、ブータンのデシ（摂政）を務めた。ただし政治の実権はウギェン・ワンチュックが握っていて、一九〇七年にはブータンに世襲王制が成立する。またチョクレ・トゥルク・イェシェ・ンゲドゥプは、中央僧院の大僧正も二度――二度目は一九一五年から一九一七年に亡くなるまで――務めた。

チョクレ・トゥルク・イェシェ・ンゲドゥプがパロに来る時、兄のサンギェ[3]も一緒にやって来た。サンギェはパロ・ペンロプ（パロの地方長官）のニム・ドルジ[1]に仕え、彼の娘のチュンゾ・ザム[4]と結婚した。二人はンゲドゥプ・ペム[8]、ザム、ナムギェという三人の子をもうけた。長女のンゲドゥプ・ペムは、両親だけでなく、叔父のチョクレ・トゥルクにも大変かわいがられた。チョクレ・トゥルクはこの姪を溺愛《できあい》して、幸せを願って心をくだいた。そしてかわいい姪のために、立派な婿《むこ》まで見つけてやったのだ。

チョクレ・トゥルク・イェシェ・ンゲドゥプが、姪にふさわしい夫として白羽の矢を立てたのは、自分の右腕で愛《まな》弟子のクンガ・ギェルツェン[7]だった。クンガ・ギェルツェンは一八七四年にハ地方のタチュ・ゴンパで生まれ、五歳の時に中央僧院（ティンプ・ゾンとプナカ・ゾンを本拠とする）に入った。そして十二歳になる頃には、僧院の定める儀式と学問をぜんぶ修得してしまった。またクンガ・ギェルツェンは踊りがうまく、祭りの仮面舞踊でよくその技を披露した。ただ、踊りの衣装は十二歳の子供には大きすぎて、小さく作り直さないといけなかった。年上の僧侶に交じって、少年僧がロム（シンバル）やラッパに合わせて優美にくるくると回り、高く飛ぶのを見て、チョクレ・トゥルクは思わず目を見張った。少年のきわだった才能と秘められた可能性に気づいたチョクレ・トゥルクは、少年僧に目をかけ、ブータンの十三伝統工芸*の粋《すい》を教え込んだ。時は流れ、クンガ・ギェルツェンはすぐれた絵師、建築家、彫り師になり、その右に出る者はなかった。特別な道具や虫眼鏡がなくても、一粒の小麦に、細かい装飾をほどこした見事な仏像を彫ることができたという。

クンガ・ギェルツェンは青年になると、限りない崇敬の念と忠誠心をもって、第一の師であるチョクレ・トゥルク・イェシェ・ンゲドゥプに仕えた。チョクレ・トゥルクが十三回におよぶ奥義の口伝をした時は、ティ・チュポン（祭壇を整える役目）を務めた。ブータンで十三回もの奥義の口伝を行ったラマは他にいない。シャプドゥン・ンガワン・ナムギェルの「口」の化身であり、当時ジェ・ケンポ（ブータン中央僧院の大僧正）の位にあった自分の師を、若いクンガ・ギェルツェンは深く尊敬していた。またチョクレ・トゥルクは、自身もすぐれた彫り師であり仏師であった。

チョクレ・トゥルク・イエシエ・ンゲドゥプが、目に入れても痛くない姪のンゲドゥプ・ペムの婿に選んだのは、このクンガ・ギェルツェンだった。僧侶になることをあきらめてくれさえすれば、この聡明な青年にまさる婿はない。こうしてクンガ・ギェルツェンは、一八九五年にンゲドゥプ・ペムと結婚し、その翌年、一粒種のサンギェ・テンジン[24]が生まれた。

サンギェ・テンジンは、のちにブータンの高僧ダンカラ・トゥルクの化身だということが分かり、五歳で中央僧院に入った。それにもかかわらず若い頃から、パロやハの良家の子女たちの熱いまなざしの的だった。僧侶という手の届かない存在だったことが、かえって娘たちの恋心をかきたてたのだろう。サンギェ・テンジンは彫りの深い美男子で、おまけに国じゅうに名高いチョクレ・トゥルク・イエシエ・ンゲドゥプの姪の息子だった。崇拝者たちは熱を上げるあまり、あこがれの人が通りかかると道に自分のショールを広げたという。そしてあとでショールに付いた足跡を眺めては、せつない恋心を満たすのだった。美しい娘たちが毎日のように、びんろう樹の実[**]や牛の干し肉、練りトウガラシなど、ブータン人なら誰もが目がない好物を贈って寄こした。サンギェ・テンジンはまじめな僧侶で、誰とも結婚するつもりはなかった。けれども、息子が僧侶のままでは血筋が絶えてしまうと心配した両親が、結婚を強く勧めた。それで彼も両親の望みに従うことにしたのだ。

サンギェ・テンジンの直系の子孫は、今では百人以上になる。私はサンギェ・テンジンの息子で、私自身、九人の子供と二十三人の孫に恵まれ、子孫繁栄に一役買っている。だが、一族がどのように増えていったのかという話に移る前に、まずは父のサンギェ・テンジンと母のアシ・ドルジ・オム[25]の結婚について話をしよう。二人が結婚したことで、シャプドゥンの「口」の化身、チョクレ・トゥルク・イエシエ・ンゲドゥプの一族と、シャプドゥンの「意」の化身、シャプドゥン・ジクメ・ドルジの一族が結びつくことになったのだ。

*——絵画、木工、木彫、（粘土）塑像、鋳造、鍛冶、金銀細工、竹細工、織物、刺繍、石工、革細工、紙漉き。
**——びんろう樹はヤシの一種。その実をキンマ（コショウ科のつる性半低木）の葉に包み、噛《か》んで味わう。

第2章 「意」と「口」の化身の家系が一つに

すぐれた指導力でブータンを統一した偉大なシャプドゥン・ンガワン・ナムギエル、その「意」の化身の居城がプナカ谷のタロにあり、パロ谷のサン・チュコルには「口」の化身の居城があった。当時、タロには六代目「意」の化身シャプドゥン・ジクメ・ドルジ[27]、サン・チュコルには五代目「口」の化身チョクレ・トゥルク・イエシエ・ンゲドゥプ[2]がいた。そしてさっき言ったように、シャプドゥンの姉アシ・ドルジ・オム[25]も、東ブータンのドムカル・メロンからタロにやって来ていた。私の父方の祖父母、クンガ・ギエルツエン[7]とンゲドゥプ・ペム[8]は、アシ・ドルジ・オムのことを慎ましく、しとやかな娘だと思い、息子のサンギエ・テンジン[24]にぴったりの嫁だと考えた。確かに、父と母はとても似合いの夫婦だった。

父は年に一度の祭りの時に、プナカ・ゾンで母に会ったことがあり、両親の決めた相手に異存はなかった。縁談がまとまり、一九一六年の吉日に、リムチュにあるチョクレ・トゥルク・イエシエ・ンゲドゥプの冬の屋敷で婚礼が行なわれることになった。この辺りは、プナカのモチュ川が広く深くなって穏やかに流れていて、水田の周りにはみずみずしい亜熱帯の木々が茂っている。

その昔、このリムチュの水田をめぐって、カプジェサとゴンの村人が対立していたという。リムチュの土地がどちらの村に属するか、話し合っても結論は出ず、かといって分割案も折り合わず、結局人々は水田をチョクレ・トゥルク・イエシエ・ンゲドゥプに差し出すことにした。リムチュは冬を過ごすにはうってつけの場所だったので、チョクレ・トゥルクは最上階に美しい仏間のある三階建ての家を建てた。この家は今でも残っている。リムチュの家造りは祖父のクンガ・ギエルツェンに任され、いっぽう父は、チョクレ・トゥルクと一緒に仏像を作って、美しい仏間をしつらえた。婚礼はその仏間で行なわれた。

十六歳の母は、五十人もの花嫁行列をお供にタロからリムチュへやって来た。行列の顔ぶれは、母親のユム（母の敬称）・ヤンチェン・ドルマ[17]、妹のジンベリ[26]、ヤンチェン・ドルマの異父妹ノルモと姪シトゥ・ベダ、それから女中や使用人などだった。花嫁はおめでたいチプデル（盛儀行列）と一緒に、家の中へ案内された。そして現シャプドゥンの姉と現チョクレ・トゥルクの姪の息子にふさわしく、華やかに飾られた三階の仏間で、婚礼が行なわれた。

祖母のンゲドゥプ・ペムが、よく婚礼の日の母のことを話してくれた。母は見事な絹のキラ(女性の着物)を美しく身にまとい、両肩に大きな銀のティンカプ(キラを留めるための大きな針)をつけていたという。ほっそりした首もとにジ(猫目石)と珊瑚《さんご》のずっしりとした首飾りをし、色白の細い手首には、金めっきをした銀の重い腕輪をはめていた。父はこのとき二十歳だった。祖母によれば、絹のルンセム織りのゴを着た父は、僧衣の時とは打って変わって堂々たる押し出しで、まるで別人のようだったという。チョクレ・トゥルク・イェシェ・ンゲドゥプが、若い二人に加護を与えた。ウギェン・ワンチュック国王のいとこでティンプのゾンポン(長官)、クンサン・ティンレも臨席していたということが、この婚礼がいかに社会的に重要なものだったかを物語っている。しかもその日クンサン・ティンレは、式典長というとても大切な役を務めたのだ。盛大な祝宴が開かれ、みんな心ゆくまで歌って踊ってごちそうを食べた。それは両家の家族にとって幸せなひとときだった。特に父方の祖父母は、それまで息子しかいなかったので、良い娘ができたと喜んだ。こうして、シャプドゥン・ンガワン・ナムギェルの「口」の化身の家系と「意」の化身の家系は、この婚姻によって結ばれることになった。

二人の最初の息子がジクメ・テンジンで[28]、未《ひつじ》の年、つまり一九一九年に生まれた。その二年前の一九一七年、チョクレ・トゥルク・イェシェ・ンゲドゥプが、ジェ・ケンポ在位中に六十六歳で亡くなっていた。重い病の床に伏し、足が腫《は》れ上がってひどく苦しみながら、チョクレ・トゥルクはおろおろする姪のンゲドゥプ・ペムをなだめ、「必ずお前の孫になって戻ってくる」と言ったという。そしてブータン暦の五月二十日、ティンプ・ゾンのウツェ(本堂)で亡くなった。

ジクメ・テンジンが生まれる前には、いくつも瑞兆《ずいちょう》があったそうだ。まず、七色の光に包まれた黄金の金剛杵《こんごうしょ》(法具の一種)が体の中に入る夢を見たその日に、母は妊娠した。その数か月後、パロのクンガ・チュリンの庭を歩いていた時、母は九重《ここのえ》の花びらのキンセンカを見つけた。一瞬、母は近くの村の子供が、花を九輪重ねて枝に刺したのかと思ったという。さらに、かまどの上に虹がかかり、銅の水差しの水が乳白色に変わった。それを見た祖父母は、チョクレ・トゥルク・イェシェ・ンゲドゥプの遺言が、ひょっとしたら本当になるかもしれないと思うようになった。

兄のジクメ・テンジンはまだよちよち歩きの頃、タロ・ゾンの下手にあるツァンカ村の家で育てられていたが、あるとき突然「サン・チュコルに行きたい」と言ったという。召使いたちは困り果ててしまった。サン・チュコルに連れていくふりをしないと、兄がかんしゃくを起こすからだ。そこで召使いは兄を連れて、何度もサン・チュコルに行くまねをした。一行が家を出ると、召使いの一人が先回りをして近くの道ばたの茂みに隠れ、兄たちが通りかかったら恐ろしい動物のうなり声をあげる。するとみんなびっくり仰天したふりをして、家へ走って戻るのだ。これがほとんど日課のようになっていた。また二歳の時、兄はシャプドゥン・ジクメ・チュギエル（シャプドゥン五世）の母、ユム・センゲ・デムをしのんでタロに建てられた大きなチョルテン（仏塔）の横に立ち、悲しそうにミセナ村の方を指さして、「家来のゲドゥム・ツェワンがあそこで死んだ」と言ったという。確かに、チョクレ・トゥルク・イエシエ・ンゲドゥプの侍従長ゲドゥム・ツェワンは、一八七〇年頃にミセナ村で戦死していた。

　ジクメ・テンジンが生まれたこと、そして彼がチョクレ・トゥルク・イエシエ・ンゲドゥプの生まれ変わりだという噂は、ブムタンの王宮にも届いていた。ウギェン・ワンチュック国王は、ことの真偽を確かめるために、先代チョクレ・トゥルクの元侍従で、その後王宮に仕えていたドプ・チョを遣わされた。ドプ・チョがタロに着くと、まだ二歳半のジクメ・テンジンはぱっと顔を上げて、「ドプ・チョ、ぼくの馬のツェリムは？」と言った。ドプ・チョは腰を抜かさんばかりに驚き、その場で子供の足元にひれ伏した。子供が自分のラマだということをはっきり確信したドプ・チョは、王宮に戻ってことの次第を国王に申し上げた。ジクメ・テンジンがチョクレ・トゥルクだということはもはや疑いなかった。

　シャプドゥン・ジクメ・ドルジは、ウギェン・ワンチュック国王に書簡を送り、ジクメ・テンジンを正式にチョクレ・トゥルクとして即位させる許しを願い出た。それに対して国王は、ジクメ・テンジンはまだ幼いので、サン・チュコルの居城でもうしばらく師について学ぶのがよかろう、と返事をなさった。即位式が行なわれたのは、結局それから二年後のことだった。先代チョクレ・トゥルク・イエシエ・ンゲドゥプが関わった凶事のために、国王は即位式を急ぎたくなかったのだ。先々代のシャプドゥン四世ジクメ・ノルプとペンロプ・ハプは、聖遺物としてプナカ・ゾンに安置されていた始祖シャプドゥン・ンガワン・ナムギエルのクドゥン（ミイラにされた聖なる遺体）を、修復のために運び出した。ところがその直後、プナカ・ゾンで強い地震があった。この激しい揺れを凶兆、つまり神の怒りと考えた二人は、遺体を急いで元の場所に戻した。

シャプドゥン・ジクメ・ノルブとペンロプ・ハプは、地震という凶事のため、シャプドゥン・ンガワン・ナムギェルの聖なるミイラを修復することができなかった。それで五十四代ジェ・ケンポになったチョクレ・トゥルク・イェシェ・ンゲドゥプが、神聖な修復作業を行なうことになった。自分の右腕で義理の甥《おい》でもある私の祖父クンガ・ギェルツェンに応援を頼み、シャプドゥンの聖なる遺体に白い絹の布を巻き、さらにピンクの絹で巻いて、銀の棺に戻した。その機会にランジュン・カルサパニ——これは、ドゥクパ・カギュ派の開祖ドワェ・ゴンポ（衆生の守護者）・ツァンパ・ギャレー（一一六一—一二一一）の椎骨《ついこつ》に現れた観音菩薩（チェンレジ）像のことだが、その修復も行なった。ドゥクパ・カギュ派は、偉大な翻訳者で行者のマルパ（一〇一二—一〇九七）とその高弟ミラレパ（一〇四〇—一一二三）が、チベットで開いた仏教の一宗派だ。ヒマラヤ地域の仏教の四大宗派の一つで、シャプドゥン・ンガワン・ナムギェルがこれをブータンの国教とした。観音菩薩像が現れた椎骨の一部が外れかけていたので、クンガ・ギェルツェンは細い金糸で補強した。

一九二三年、四歳になった兄のジクメ・テンジンは——私は「ラム兄さん」と呼んでいたのだが——母方の叔父シャプドゥン・ジクメ・ドルジに連れられて、ティンプのタシチュ・ゾンに行った。そして中央僧院のおもだった四人のロポン（師）と国王名代の前で、並べられた品々の中から「自分の」物を選ぶように言われた。すると兄は数珠、金剛杵、ティルプ（法具の鈴）など、先代が使っていた物をひとつも間違わずに選び出し、その場の誰もが、兄を正当な生まれ変わりと認めたのだった。シャプドゥンはタシチュ・ゾンの本堂で手短かに即位式を行ない、ジクメ・テンジンをチョクレ・トゥルク・イェシェ・ンゲドゥプの化身として正式に承認した。その時シャプドゥンは、甥のチョクレ・トゥルク・ジクメ・テンジンをたたえる祈願文を記したという。

母はジクメ・テンジンの他に九人の子供を産んでいる。最初は女の子で、一九一八年にタロで生まれ、ラドンと名づけられたが、わずか数か月で亡くなった。一番下の子供は、その二十四年後（一九四二年）に生まれた娘のナムギェ・オムだ。[36] 私のもう一人の兄のワンチュクは、[29] 一九二二年に生まれた。私は乙丑《きのとうし》年（一九二五年）の八月に、パロのサン・チュコルに近いクンガ・チュリンで生まれた。クンガ・チュリンは三階建ての家で、父方の祖父クンガ・ギェルツェンが一九〇四年、三十歳の時に建て、自分の名を取って名づけたものだ。母屋の二階と三階が仏間、一階が住居になっていて、石だたみの中庭に面していた。屋敷の周りには糸杉や松が生い茂り、特にすばらしいのは、眼下に広がるパロ谷の壮大な眺めだった。要するにクンガ・チュリンは、その場所といい美しさといい、一目見たら誰もが手に入れたくなるような家だった。そして実際この家は、私が二歳の時、人手に渡ることになる。

この家を買うことになったのは誰あろう、西ブータンの地方長官、すなわちパロ・ペンロプのツェリン・ペンジョル（?—一九四九）だった。領地である西部一帯に広く影響力を持ち、絶大な権勢をふるっていた人物だ。ブータンの二代国王ジクメ・ワンチュック（一九〇五—一九五二）の甥で、初代国王ウギェン・ワンチュックの孫にあたるツェリン・ペンジョルは、二代国王にパロ・ペンロプに任命されて以来、一九四九年に亡くなるまでこの権力の座に就いていた。その生前、私の一家はこのパロ・ペンロプから長年にわたり執拗な嫌がらせを受け、辛酸をなめることになった。運が向いてきたかと思うと必ず、絶望のどん底にたたき落とされたのだ。

よくあることだが、男は女のことになると分別を忘れて角《つの》つき合わす。一人の女性をめぐって、その愛を射止めようと競い合い、いがみ合う。ずっとあとになって知ったことだが、家族がパロ・ペンロプの不興を買ったのは、母のアシ・ドルジ・オムがその求めに応じなかったことが原因だった。母は美人だったので、好色なペンロプの目に止まったのだ。これほどの権力者からの要求とあれば、たいていの夫は従ってしまうのだが、父は頑として従わなかった。そう簡単に人に屈しないのが、父サンギェ・テンジンが祖父から受け継いだ性格だった。このことをきっかけに、パロ・ペンロプは私の家族に憎しみを持つようになった。父はペンロプに仕える官吏だったので、雇い主の自分にまったくへつらわないその態度は、よけい癇《かん》にさわったに違いない。父は毎日公邸に出勤したが、ペンロプがまだ寝ていて、そのまま家に帰ってくることも珍しくなかった。ペンロプはひどい夜型人間で、日中遅くまで寝ていて夜遅くまで仕事をするので、官吏や従僕はそれに生活を合わせないといけなかった。父は私たちと一緒に早めの夕食を済ませ、ペンロプが一日の仕事を始める前に、急いで公邸に戻るのだった。

そうこうするうち、パロ・ペンロプはこの上なく美しい家、クンガ・チュリンに目をつけ、自分のものにしようと考えた。絶大な権力を誇るペンロプが買いたいと言えば、断るわけにはいかない。それで二つの仏間にある貴重な仏像や工芸品もぜんぶ、家と一緒に引き渡されることになった。祖父はペンロプの使いが家財の目録を作る前に、軸装仏画と銀製品をいくつか、こっそり持ち出しておいた。代価として支払われた銀貨二千枚は、この物件にしてはまったく話にならないほどの安値だった。公正に買い取ったことにするために、申しわけ程度の金を払ったのだ。実際、祖父母と両親は、むりやり家を奪われたと思っていた。ともあれ一九二七年、家族はパロ・ペンロプのツェリン・ペンジョルに、やむなく家を引き渡した。家を売ってしまったので、家族はクンガ・チュリンから一時間ほど登ったところにあるチョクレ・トゥルクの居城、サン・チュコル・ゾンに身を寄せた。

パロ・ペンロプは当てつけがましく、祖父母と両親をクンガ・チュリンの「引継ぎ」式に招いた。それは祖父母らにとって、胸が締めつけられるようなひとときだったに違いない。式が終わると、祖父はすばやく席を立って、ツェリンマ（長寿と富の女神）の仏間に行った。祖父は生涯、ツェリンマを信奉していた。祖父は心を静め、恵みと慈悲を祈り、自分の作った仏間をこれが最後と目に焼きつけた。サン・チュコルに戻る道すがら、祖父は祖母と両親に、「私たちはしばらくの間つらい目にあうかもしれない。だが将来、クンガ・チュリンは子孫の手に戻るだろう。そして子孫は国を治めることになるだろう」と言ったという。当時、この最後の言葉はそれほど荒唐《こうとう》無稽《むけい》というわけでもなかった。ブータンではそれまで、シャブドゥンの化身が国を治めるならわしになっていたからだ。

私の一番古い記憶は、三歳の頃のサン・チュコルでの生活だ。私は兄のジクメ・テンジンとワンチュクのあとを、いつも金魚のふんのようについて回っていて、二人は私をふり切るのに苦労したようだ。ラム兄さん、つまり上の兄のチョクレ・トゥルク・ジクメ・テンジンは、九歳だというのに普通の子供とまったく違っていた。そして人々から非常に尊敬されていた。ラム兄さんは玉座に座り、僧衣をまとって、先代チョクレ・トゥルクの部屋を使っていた。食事も私たちとは別々だった。兄さんにはカンギュル（大蔵経の仏説部）を読んだり、サン・チュコル・ゾンの本尊のある内殿で朝の勤行をしたりと、毎日のお勤めがいくつもあった。けれど、兄さんが他人行儀で近寄りがたいのはお勤めのあいだだけで、私たち家族と一緒にゾンの中にいる時は、他の子供と同じようにふざけたり笑ったりした。それでも、ラム兄さんは私たちとは明らかに違う、ずっと聡明で利発な子供だった。澄んだまなざし、すらりと伸びた手、ばら色の頬《ほお》、よく通る声をした兄さんは、やがて背の高い美青年になった。

人目のない寺の中で、お堂で見つけた武器を使ってよく戦争ごっこをしたものだ。ラム兄さんが指揮官で、ワンチュク兄さんと私は歩兵、三人ともてんでに兜《かぶと》をかぶって盾や剣を持った。ふらつきながら長い剣を構え、指揮官の号令一下、敵陣に突撃するのだ。盾と剣は私たちには大きすぎ、床に引きずって疵《きず》をこしらえた。一度、遊んでいる最中に、召使いのおじいさんが通りかかったことがある。兄たちは電光石火の早わざで逃げ去ったが、私は逃げ遅れて捕まえられ、たっぷりお尻をたたかれた。そのほか、クルという遊びもよくやった。これはダーツに似た遊びだが、投げ矢はダーツより大きく的ももっと遠い。私たちは壁に木の的を掛けていたが、的に当たるより外れる方が多かったので、寺の壁は穴だらけだった。

四歳になると、一日じゅう気ままに遊び回っているわけにはいかなくなった。二人の兄と同じように、私も夜明けに起きて顔を洗い、祖父のクンガ・ギェルツェンの授業を受けることになったのだ。ワンチュク兄さんと私は、朝食前に四行、朝食から昼食までに四行、昼食から夕食までに四行暗記しなければならなかった。毎朝、手を組んで頭を垂れ、丸暗記にかかる。私が暗記した経典は『ジクテン・ワンチュク』といって、シャプドゥン・ンガワン・ナムギェルをたたえる短い祈願文だった。四行暗記できないと、朝ご飯は抜きだ。鞭《むち》でぴしゃりとやられるのは日常茶飯事で、ワンチュク兄さんは暗記する時間をかせぐために、よく料理人にびんろう樹の実をやっては朝食の時間を遅らせていた。昼食のあとは一時間の休憩《きゅうけい》になる。だが休憩と言っても、そのあいだに白い小石を拾い集め、砕いて粉にしないといけなかった。白い石の粉を布に包んでしばり、木板の上にまんべんなくはたいて、そこに文字を書いて読み書きを習うのだ。

チョクレ・トゥルク・ジクメ・テンジン、つまりラム兄さんは、自分の部屋で授業を受けた。その日の課題をこなせなければ、祖父はラム兄さんにも容赦なく体罰を加えた。祖父が兄さんをぶった時はすぐに分かった。そういう日の夕方には、祖父は必ずラム兄さんを玉座に座らせ、足元で三度ひれ伏して、貴い化身をはずかしめたことを詫《わ》びるからだ。ただ、そういうことはめったになかった。ラム兄さんは一日六ページを苦もなく暗記できたからだ。それにひきかえ私たちは、一日たった十二行を暗記するのに四苦八苦していた。祖父は私たちが怠けるのを決して許さなかった。私は祖父を愛し、同時にとても恐れていた。

優しくて愛情深い母のアシ・ドルジ・オムは、祖父がお仕置きしようと鞭を持って追いかけてくると、いつも私をかばってくれた。ある日、例によって母の背に隠れようと駆け込んだ時、私はたぶんものすごい勢いで母にぶつかったのだろう。母はぐらりとよろけ、祖父が型に入れて乾かしていた塑像《そぞう》の上に、二人して仰向けに倒れてしまった。祖父が何日もかけて作ったすばらしい仏像をぺちゃんこにしてしまい、私は自分のしでかしたことに恐ろしくなったが、祖父は私たちのおかしな格好を見て思わず吹き出した。この時は運よくお仕置きをまぬかれたが、私はいたずらっ子だったので、兄弟の中で一番よく鞭打ちをくらった。祖父は授業のあいまに、せっせと仏像や木彫りやタンカ(軸装仏画)を作っていた。

一九二八年、四人目の子供を身ごもっていた母は、「男子が生まれるのでレンケ・ギェルツェン[32]と名づけるように」と夢でお告げを受けた。生まれた男の子には、その通りの名前がつけられた。今にいたるまで、この珍しい名前はブータンでは一人だけだ。母は神聖な場所を穢《けが》さないように、サン・チュコル・ゾンの近くの家に移ってお産をした。兄たちと一緒に母と小さな弟に会いに行ったあと、ゾンの中に入る前にお浄《きよ》めをして穢れを落とすよう言われたが、私たちは言いつけを守らなかった。あとでそれがばれて、この恐ろしいおきて破りの罰として、したたか鞭で打たれた。

私たちは夏はサン・チュコルで、父方の祖父母と両親と一緒に過ごし、冬はプナカのリムチュで過ごした。プナカのタロには、母方の祖母ヤンチェン・ドルマ[17]が、息子のシャプドゥン・ジクメ・ドルジ[27]と一緒に住んでいた。私たちは母方の祖母のことを、敬意を込めて「アビ・ユム」と呼んでいた。アビ・ユムというのは、東ブータン方言のツァンラ語で、祖母につける敬称だ。アビ・ユムは中肉中背で、膝丈のブーツをはいて帽子をかぶり、長い髪を編んで垂らしていた。リムチュにいる冬のあいだ、私たちは兄のチョクレ・トゥルク・ジクメ・テンジンも一緒に、よくタロのアビ・ユムとシャプドゥン・ジクメ・ドルジのところへ行ったものだ。遊びに行くと、叔父のシャプドゥンはいつも私を引き寄せ、頬をぴちゃぴちゃたたいて、くせっ毛の髪をかきまわした。叔父はとても優しい人だった。ラム兄さんは叔父より十四歳ほど年下だったが、二人の若い高僧は、互いに気のおけないつきあいを楽しんでいた。二人はタロ・ゾンの中庭で、追いかけっこをして鳩や召使いを飛びのかせたり、下着一枚になって飽きるまで相撲を取ったりした。

タロに遊びに行った時、一度、何かいたずらをした罰に、祖母のアビ・ユムに物置に閉じこめられたことがある。祖母は私を真っ暗な部屋の隅に置き去りにして、外から鍵をかけてしまった。だがだんだん暗闇に目が慣れてくると、部屋の中のいろんな物がぼんやり浮かび上がって見えてきた。もっと目が慣れてくると、赤砂糖の入った陶器のつぼがあるのが見えたので、私は砂糖をしこたま食べた上、ゴのふところにも大きな砂糖つぼをしまいこんだ。暗いのと砂糖をいっぱい食べたのとで、私は少しばかり気分が悪くなり、眠くなってきた。そして大きな砂糖つぼを抱えたまま寝てしまった。突然、乱暴に揺り起こされると、アビ・ユムが恐い顔でにらんでいて、べとべとの私の顔を見て、怒っているのに歌っているような独特の言い回しで「ウギェン・ドルジ、砂糖を盗み食いしたね」と言った。私は開いていた扉から脱兎《だつと》のごとく逃げ出して、何とかアビ・ユムにぶたれずにすんだ。

そんなこともあったが、私たちはみんな、タロに行くのを楽しみにしていた。中でも、母は弟のシャプドゥン・ジクメ・ドルジと母親のヤンチエン・ドルマを心から愛していたので、タロで一緒に過ごす時間を大切にした。それは母にとっても貴重な楽しいひとときだった。だがこの時、シャプドゥンは浅ましい陰謀に巻き込まれ、その身に重大な危険が迫りつつあったのだ。

第3章 若きシャプドゥンの死

シャプドゥンの居城タロ・ゾンで、一番の実力者と言えばシャプドゥン・ジクメ・ドルジ[27]の侍従長で義兄のソナム・ツェリンだった。その素性で分かっているのは、ブムタンのジャカル出身だということぐらいだ。小柄で色の白い、太った男で、私の母方の叔父であるシャプドゥンに大きな影響力を持っていた。だがソナム・ツェリンの美しい妻ジンベリ[26]が、お産でお腹の子と一緒に亡くなり、弟のシャプドゥンはとめどなく涙を流しながら葬儀を執り行なった。シャプドゥンの姉だったジンベリが亡くなったことで、侍従長ソナム・ツェリンは不安になった。これからはもう、妻が生きていた頃のような権勢と威光は望めないだろう。それで自分の地位を安泰にするため、ソナム・ツェリンは、シャプドゥンのただ一人の姉になった私の母と結婚しようとした。母がすでに結婚して、二児の母として幸せに暮らしていることなどおかまいなしだった。父と母の仲を引き裂き、母の婿の座に納まろうと、シャプドゥンに父の悪口を吹き込み、父を憎むよう仕向けた。だが幸い、このもくろみはうまくいかなかった。

けれどもソナム・ツェリンは、シャプドゥンの他の親族に狙いをつけて、とうとうそのたくらみを成功させた。最初の標的になったのは、シャプドゥンの叔母であるノルモの夫、ツェテンラだった。私の母の婿になれなかったので、アシ・ノルモと結婚してツェテンラの後がまに座ろうとしたのだ。ソナム・ツェリンは、シャプドゥンの宮廷でいずれ手ごわい競争相手になりそうだったツェテンラを追放した。シャプドゥンへの発言力を握るため、将来自分の地位を脅かすであろうシャプドゥンの親族の婿たちは、すべて排除するつもりだった。ツェテンラは一番不名誉なやり方でタロから追放された。厄払《やくばら》いの儀式の時の、贖罪《しょくざい》人形（リュ）のように蹴飛ばされ、ゴを裏返しに着せられ、頭に小麦粉をかけられた。そして太鼓が打ち鳴らされる中、ゾンの周りを右回りに三度引きまわされたあと追放され、二度と戻ることは許されなかった。それ以来、侍従長ソナム・ツェリンは宮廷を完全に牛耳るようになり、シャプドゥンの手にも負えなくなった。ツェテンラの妻ノルモは、はずかしめられた哀れな夫の姿を家の階段の踊り場から見つめ、傷ついた獣のように身もだえて激しく泣いたという。ツェテンラは、私の父も仕えていたパロ・ペンロプ、ツェリン・ペンジョルのもとで働くことになったが、シャプドゥンの宮廷にいつか仕返ししてやろうとずっと根に持っていた。

侍従長ソナム・ツェリンが次に狙いを定めたのは、当時、タロ・ゾンの下手にあるツァンカ村のアビ・ユム[17]（ヤンチェン・ドルマ）の家で暮らしていた私の父だった。武装した男が四人、父を捕らえにやって来たので、父の召使いで腕っぷしの強いダギェ・タシは、主人の身が危ないと見て、父の銃をつかんで「奴らは正門のところにいます。四人とも撃ち殺しましょう」と言った。だが父はそれを許さず、アビ・ユムも娘婿に「裏の窓からお逃げなさい。血を流してはだめ」と言った。しっかりとかんぬきを下ろした扉を男たちががんがん叩いているあいだに、父は二階の窓から綱をたらして伝い下り、ダギェ・タシと一緒にリムチュに逃げた。ソナム・ツェリンは父を殺すか、ツェテンラの時と同じやり方でタロから追放するつもりだったのだ。

ソナム・ツェリンの注意を引かないよう、母はひそかにタロの少し上手にあるシャプドゥンの瞑想庵、ナムギェ・チュリン寺に移った。そして三か月後、赤ん坊のワンチュク[29]を抱いてタロを抜け出した。キラ（布を巻きつける女性の着物）を二枚重ね着し、ありったけの宝石を身に着け、女中が身の回り品を運んだ。長男のチョクレ・トゥルク・ジクメ・テンジン[28]を自分の母親のアビ・ユムに託し、母は後ろ髪を引かれる思いでタロから逃げた。母が逃げたことを知ると、ソナム・ツェリンは二人の男にあとを追わせて連れ戻そうとした。男たちはグム・チャンシという、大きな樫《かし》の木が一本、道幅いっぱいに枝を広げている場所で母に追いついた。タロに戻るように、との二人の言葉を母がはねつけると、男たちの一人、ベトゥがむっとして、プナカの方へと歩き出した母の手をつかんだ。そのとたん、母はベトゥの腕に思いきり嚙みつき、肩からティンカプ（キラを肩のところで留める銀の針）を抜いて先端を男たちに向け、それ以上近づいたら目を突いてやろうと身構えた。男たちはひるんだ。ふだんの穏やかで控え目な母はどこかに消え失せ、そこにいたのは一頭の雌虎だった。二人は手荒なことをするつもりはなかったので、タロに引き返し、母はリムチュに向かった。

一方、リムチュの家の近くでは、父が七人の召使いと一緒に松林のそばで野営していた。そこで不測の事態にそなえて、四六時中あたりを見張っていたのだ。日が暮れて、自分の手のひらの筋も見えなくなった頃、父は妻に似た人影が野営地に向かってくるのに気づいた。父は目をこすり、これは夢かうつつかととまどった。父に会うと、母と女中はわっと泣きくずれた。二人にとっては最高にうれしい瞬間だっただろう。母がリムチュに来てから、父は最悪の事態も覚悟して毎日を過ごしていたが、幸いそれ以上何かされることはなかった。

春になると、一家、つまり両親と父方の祖父母は、プナカのリムチュからパロのクンガ・チュリンに移った。しかしこの事件以後、一家の者は長いあいだタロには近づかなかった。タロの宮廷ではあいかわらずソナム・ツェリンが幅をきかせていたからだ。どうしてもタロに行かなければならない時は、手早く用事を済ませて帰ってきた。

クンガ・チュリンに移ると、父はまた、国王の縁者である権力者、パロ・ペンロプのツェリン・ペンジョルのもとで働くようになった。パロ・ペンロプは銀細工や仏像、骨董品《こっとう》に目が利き、一流の職人を抱えていたので、父は気に入りの部下の一人だった。だが、タロを追放されたツェテンラがペンロプに仕えるようになると、ペンロプの父への態度が変わった。よそよそしく冷ややかになり、父を無視するようになったのだ。それまで父がしていた仕事は別の官吏に回された。「お前の義弟のシャプドゥンが、あれこれ陰謀をめぐらせているそうだな」と、ペンロプは父に言ったという。

父はくびにされたわけではなかったので、あいかわらずパロ・ペンロプの宮廷に出仕しつづけていた。父にとっては耐えがたい時間だったが、妻や幼い子供たちと過ごす時間を大切にして、じっと耐えた。ペンロプが私たちの家、クンガ・チュリンを「買う」と言ってきたのはそんな頃、一九二七年半ばのことだった。その数か月前の三月には、プナカでジクメ・ワンチュック二代国王の即位式が行なわれており、式を取り仕切ったのはシャプドゥン・ジクメ・ドルジだった。

パロ・ペンロプの宮廷にやって来たツェテンラは、タロから追われた時の仕打ちを恨み、ただ手をこまねいて見ていたシャプドゥン・ジクメ・ドルジの悪口を言いふらした。西ブータンの最高権力者として、慎重を要する問題にはつねづね公正な態度を心がけていたペンロプだったが、次第にシャプドゥンとその一族に悪い印象を持つようになっていった。ツェテンラから、シャプドゥンの陰口や悪い噂をさんざん吹き込まれたからだ。

父は、パロ・ペンロプとツェテンラが何の話をしているのか同僚に訊ねてみた。どうやらツェテンラはペンロプに、シャプドゥンが妖術を使ってペンロプと国王を呪い殺そうとしている、と告げたらしい。これはまったくのでたらめだったが、そんなことを聞いて国王もペンロプも衝撃を受けないはずがない。動転したパロ・ペンロプは、それが事実かどうかを調べもせず、急ぎブムタンの国王に書簡を送ってことを知らせた。

そうでなくてもいろいろあって、シャプドゥンと国王の関係がこじれていた時だった。ことの発端は、シャプドゥンが自分の身内に土地の所有を認めた件だった。シャプドゥンは命令を出して、メロンカの土地を牧場に使う許可を親族に与えたのだ。これが国王を激怒させた。土地の使用権を与えることができるのは国王だけだからだ。確かにこれはシャプドゥンが軽率だったが、周りが無理強いしなければ、おそらくそんなことはしなかっただろう。関係を悪化させた二番目の問題も、やはり土地の所有権に関することだった。ただし今度の土地は、タロにあるシャプドゥンの所有地だった。セウラ・ラマの一族のネプ・ドルジという人物が、プナカのヤベサの土地を放牧地として使わせてほしいと国王に願い出たのだ。そこはシャプドゥンの地所だったにもかかわらず、国王は使用許可を出した。このことで、王宮とシャプドゥンの宮廷とのあいだにいっそう不信感がつのることになった。

三番目の原因は、不慮の死を遂げたシャプドゥンのおじ、ゴラプ・ドポラへの賠償の件だった。タシガンのゾンポン（地方長官）だったゴラプ・ドポラは、国王の命令で盗賊を追っていた時、サムドゥプ・ジョンカで銃撃戦になり、撃たれて死んだ。ちょうどその頃、アビ・ユムと私の両親はラサへの巡礼から戻る途中だった。一行はブムタンに着くと、そこに一週間留まった。国王はわざわざ三人が乗るためのポニーを用意して、モンラ・カルチュン峠まで使者を遣わしてくださった。国王に拝謁をたまわると、父はこう申し上げた。「ゴラプ・ドポラの死は不慮の事故です。きっとああいう最期を迎える運命だったのでしょう」。その頃には国王も、これまでのことは水に流そうという気になっておられた。現に国王は、シャプドゥンの「意」の化身に代々受け継がれてきた、ダガナ・ゾンと水田の返還をまじめに検討されていた。これは五代目「意」の化身、シャプドゥン・ジクメ・チュギェル（一八六二—一九〇四）のものだったが、その死後、政府の所有になっていたのだ。国王はシャプドゥンにダガナ・ゾンを返すつもりで、家臣にゾンの財産や工芸品の目録を作らせていた。しかし結局、私たちがこのご厚意を受けることはなかった。二度目の謁見で、陛下のご不興をこうむったからだ。

折しもブムタンにいるアビ・ユムに、タロから手紙が届いた。封筒にはシャプドゥンの封印があったが、明らかに一度封を開けた形跡があった。手紙は侍従長ソナム・ツェリンからで、殺されたゴラプ・ドポラの「トン（賠

◉シャプドゥン・ンガワン・ナムギェルの五代目「口」の化身、チョクレ・トゥルク・イェシェ・ンゲドゥプ（一八五一—一九一七）
写真はブータンのデシ（摂政）在職当時のもの
［撮影…ジョン・クロード・ホワイト、一九〇五年］

●ブータンの初代国王ウギェン・ワンチュック（一八六二―一九二六）。左は腹心のカジ・ウギェン・ドルジ

◉ブータンの二代国王ジクメ・ワンチュック（一九〇五—一九五二）［撮影…J・L・R・ワイア中佐、一九三一年］

◉二代国王王妃アシ・プンツォ・チョデン（中央）とアム・リンジン（右）〔撮影：ジョージ・テイラー卿、一九三七年八月〕

●ジグメ・ワンチュック二代国王とプンツォ・チョデン王妃(中央)、王妹アシ・ワンモ
[撮影…フレデリック・ウィリアムソン、一九三三年]

◉六代目「意」の化身、シャプドゥン・ジクメ・ドルジ（一九〇五―一九三一）〔撮影：F・M・ベイリー大尉、一九二七年〕

◉黒帽の舞の衣装をまとったシャプドゥン・ジクメ・ドルジ

●パロ・ペンロプの兵士[撮影：J・L・R・ワイア中佐、一九三二年]

●パロ・ペンロプ・ツェリン・ペンジョル[撮影：ウィリアム・ヘンダーソン。パロのウギェン・ペルリ宮殿にて、一九四三年]

●家族写真。右端の椅子に腰掛けた少年がヤプ・ウギェン・ドルジ
左から三人目は、チョクレ・トゥルク・イェシェ・ンゲドゥプの姪でクンガ・ギェルツェンの妻、アシ・ンゲドゥプ・ペム
中央にその息子サンギェ・テンジン、その隣は妻でシャプドゥン・ジクメ・ドルジの姉のアシ・ドルジ・オム［撮影日時不明］

◉右…シャプドゥン・ンガワン・ナムギェルの六代目「口」の化身、チョクレ・トゥルク・ジクメ・テンジン（一九一九—一九四九）
左に父サンギェ・テンジン（一八九六—一九七三）、右に祖父クンガ・ギェルツェン（一八七四—一九四〇）
◉中…チョクレ・トゥルク・ジクメ・テンジン
◉左…クンガ・ギェルツェン（ツァム・ゴ・セプ）

◉カリンポンでのチョクレ・トゥルク・ジクメ・テンジン

●右上…ヤブ・サンギェ・テンジン
●右下…アシ・ドルジ・オム
●左…孫のサンギェ・ペンジョルと共に、馬車でブッダガヤへ巡礼

◉右…二十二歳のヤプ・ウギェン・ドルジ［ペドンにて、一九四七年］
◉左…友人リンチェン・ツェリンと共に

◉十六歳のユム・トゥジ(右)[タロ・ツェチュ祭にて、一九四七年]

◉上…三代国王ジクメ・ドルジ・ワンチュック（一九二八―一九七二）とケサン・チョデン・ワンチュック王妃（現皇太后）［撮影…フランク・ホックとリシナ・ホック夫妻、一九五五年］

◉左…パロで行なわれた婚礼の儀［一九五一年］

償金)」を要求するように、という内容だった。父はアビ・ユムに、「そんな手紙は無視しましょう。そして、封印が破られた跡のある封筒を、シャプドゥンが操られている証として国王にお見せしましょう」と言った。だがアビ・ユムは聞き入れず、二回目の謁見で、死んだ身内の賠償金を国王に要求した。国王は賠償金を支払う義務はなかったのだが、この異例の申し立てに気を悪くするでもなく、ベタ・カープと呼ばれる銀貨二千枚を与えられた。国王が民に賠償金を払うなど前代未聞のことだった。結局、アビ・ユムと両親はその二千枚の銀貨だけを手に、ブムタンを発った。父は気まずい謁見になったことを嘆いて、アビ・ユムに言った。「私が言った通り封筒を国王にお見せして、どうかお力添えくださいとお願いしていれば、虎のように堂々と出て行くことができたでしょうに、子猫のようにこそこそと立ち去るはめになってしまいました」

おまけにタロに着いてから、銀貨の半分は使い物にならないことが分かった。たぶんすり減っていたのだろう。何とソナム・ツェリンは、おそれ多くもそれをブムタンに送り返し、代わりの銀貨を要求した。「銀貨を造ったのは私ではなく、チベット人だ。気に入らぬと言うならそれまでだ」と、国王は言われたという。

国王とシャプドゥンの関係をこじらせた四つ目の原因は、一九三一年の夏に、侍従長ソナム・ツェリンがマハトマ・ガンジーのもとに送った使節だった。使節の長は、アシ・ノルモの息子(父親はツェテンラではないが)、チュキ・ギェルツェンだった。シャプドゥンのいとこでありながら、チュキ・ギェルツェンはまったく落ち着きのない、腰のすわらない男と言われていた。使節には他にガンテプ・リンジンと、通訳としてド・チュが加わった。一行はコルカタ(カルカッタ)でガンジーと会うことになっていたが、コルカタに着いてみるとガンジーはもう発ったあとで、ボルサドという所でようやくガンジーに追いついた。そしてチュキ・ギェルツェンは、ソナム・ツェリンに言われた通りのことを伝えた。いわく、かつてブータンを支配していたのはシャプドゥンである。しかし今では何の力もない。権力を取り戻すため、あなたのお力添えを願いたい、と。

ずっと後になってチュキ・ギェルツェンが話してくれたところによると、ガンジーは会見が終わるとヤシの実を一つくれて、シャプドゥンのために祈っている、自分と同じくシャプドゥンも人々の幸福のために努められよ、と言ったという。一行は何の成果もなく帰ることになった。がっかりして疲れたチュキ・ギェルツェンは、パサカまで来たところでナイフを取り出し、そのヤシの実を二つに割って食べてしまった。「マハトマにたくさん贈り物を持っていったのに、その見返りがヤシの実一つとは」と、彼は情けなさそうに私にぼやいていた。

一九三一年五月、インドの新聞に、「『国王』（シャプドゥンを指している）の兄弟がマハトマと会見」という記事が載った。これがブムタンにいる当の国王の目にとまり、それ以来、シャプドゥンはつねに厳しく監視され、タロを離れることも禁じられた。一度などは、シャプドゥンがひそかにチベットに逃げたという誤報が届き、あわてたパロ・ペンロプが、シャプドゥン拘束のためにはるばるカンマルやサマダまで兵を派遣し、必要ならば亡きものにしようとしたこともあった。

こうしたことが重なって、シャプドゥンと王宮の関係は相当ぎくしゃくしていた。シャプドゥンはまだ若くて、こうした事態をきちんと把握できておらず、また側近や家臣たちも立派に補佐役を果たしているとは言いがたかった。例えば、シャプドゥンが禁欲の誓いを立てているのに、側近がタロのあるご婦人を無理にお世話したこともあった。女性信者にとってこうした関係は、ダーキニー（女性の密教修行者）の地位を得られる非常に名誉なことだったからだ。ただ、言っておくが、シャプドゥンが女性信者と同衾《どうきん》することは不道徳でも何でもない。先々代シャプドゥンのジクメ・ノルプは結婚して子供もいたし、また始祖シャプドゥンが禁欲の誓いを立てたのは、最初のゾンであるシムトカを建て、跡取りが生まれたあとのことだった。

率直に言おう。私は叔父シャプドゥン・ジクメ・ドルジの死の真相を知っている。だがこれまで人に話したことはなかった。死因は心臓発作とも、自殺とも言われている。ブータン人ならたいていシャプドゥンが暗殺されたことを知っているが、それが公に認められたことも、ましてや書物に記されたこともなかった。この微妙な問題をこのままそっとしておいた方がいいのではないかと、私は長い間とても悩んだ。だが今なら、真実を明らかにしてもいいだろう。

シャプドゥンの宮廷に不穏な知らせが届いた。パロ・ペンロプとブムタンの王宮が三つの部隊を送り込み、タロに攻め寄せるというのだ。その三部隊は、同時にタロに着く手はずになっていた。

部隊が到着する前に、シャプドゥンの身内で腹心のアシャン・ダランと従僕が、シャプドゥンに「どうかチベットへお逃げください」と懇願した。「安全なチベットまで、あなた様を背負ってまいります」とアシャン・ダランは言った。彼は怪力で有名で、妊娠した牛を軽々と肩にかつぐこともでき、また剣の腕も一流だった。アシャン・ダランはよく、シャプドウンがタロの二キロ南のツォ・シャユ湖に遊びに行くのにお供した。シャプドゥンは湖で泳いだあと、ソクスムやギプをして遊んだ。ソクスムというのは、長い竹の棒を二つの的のどちらかに当てる遊びで、ギプも似た遊びだが、こちらは先が二又になった木の矢を投げる。そのあいだ、供回りの者はもっぱら剣の腕を披露しあって過ごし、アシャン・ダランは藁《わら》を巻いた太い樫の丸太を一刀両断にしたという。他の十一人の家臣も負けじと挑戦したが、藁を切るのが精一杯で、ドバ・ドゥギェだけが、何とか丸太に傷をつけることができた。

チベットに逃げるというアシャン・ダランの提案がシャプドゥンにしりぞけられると、側近や身内から、手持ちの銃でタロ・ゾンを守ろうという声があがった。指揮官を撃って敵を混乱させ、追い散らそうというのだ。だが、当のシャプドゥンは落ち着き払い、自分は僧侶だから心配ないと考えていた。「私は兵士ではなく僧侶だ。何の罪も犯していない者に手は出すまい」。シャプドゥンが逃げようとしないので、人々は侍従長ソナム・ツェリンに説得を頼んだ。しかしこの傲慢な男は、自分を過信するあまり事態を甘く見て、「戦いになったところで、ブータンのシャプドゥンを殺せるはずがない。どうせただの脅しだ」と言い放った。

アシャン・ダランは、タロの守護尊タロ・ギェプのお堂へ行って剣を捧げ、シャプドゥンへの加護を祈った。それからシャプドゥンにいとまごいをし、この最後の謁見で決然と言った。「私の寿命は尽きました。しかし、生まれ変わってまたあなた様にお仕えできるよう、祈っております」。そして、一緒にシャプドゥンに仕えてきたドバ・ドゥギェにこう洩らしたという。「私は逃げない。私のラム（シャプドゥン）を置いては行けない。とるべき道は、もう決まっている」。アシャン・ダランは、タロ・ゾンの裏手のゼー・ゴトゥムにある洞窟で死んでいるのが見つかった。飲んだ毒が手に残っていた。シャプドゥン暗殺は避けられないと見て絶望し、自分のラムにお供しようとしたのだろう。一方、ドバ・ドゥギェはタロを逃げ出した。逃げる前によほどソナム・ツェリンを真っ二つにしてやろうかと思ったが、そんなことをしてもラムが喜ばれるはずはないと思いとどまった。

三つの部隊の総勢三百人がタロに到着したのは、一九三一年十月二十九日のことだった。全員が武装し、トンサの侍従長サンギェが第一軍を、パロの接客長ナムギェが第二軍を、ガンテ・トゥルクが第三軍を率いていた。当時ティンプの長官だったガンテ・トゥルクがタシチュ・ゾンを発ったのはその日の午後で、兵士らは武装し、自身はきらびやかに飾った馬に乗っていた。ホンツォに着いた頃には辺りは暗くなっていて、たいまつで道を照らして進んだ。ペマ・リンパの「身」の化身とされるガンテ・トゥルクは、ティンプの前長官クンサン・ティンレの息子で、母親はシャプドゥンの五代目「意」の化身、ジクメ・チュギェルの姉妹だ。ガンテ・トゥルクは父親からティンプの長官職を受け継ぎ、正式な任命はされないまま、死ぬまでその職にあった。

三つの部隊はペワ・ドレという、ラプツァカに近い大きな三段丘のある広場に集結した。そこから行軍する途中、タロの下手にあるダリダ僧院で、飢えた兵たちは法要のお供え物をみんな食べてしまったという。指揮官は正規の軍装の鎧《よろい》かぶとに身を包み、その上から絹のスカーフをたすきがけにしていた。そして三人の指揮官は馬に乗り、ときの声を上げながら、一斉にタロを目指した。

と、その時、第二軍のパロ兵が間違えて一発発砲し、全軍が騒然となった。タロ・ゾンから撃ってきた、攻撃が始まった、と思ったのだ。ただちに部隊が再編制され、ガンテ・トゥルクは南に面した正門から、ナムギェは東門から、サンギェは西門から、それぞれタロ・ゾンに突入した。三人は、戦いをあらわす色とりどりのスカーフを掲げていた。軍を迎えようと石だたみの中庭に下りてきたソナム・ツェリンは、その場で取り押さえられた。その役目がいやだったチョンセプ・ドルジは、ゾンの中の住まいにいるシャプドゥンの母に付き添っていた。三人の指揮官は、恐怖にかられたゾンの官吏らに、ふだん通り仕事を続けよ、と命じた。

軍がタロを包囲すると、一帯は恐怖に包まれた。村人たちは扉にかんぬきを掛け、子供たちまで静まり返った。ゾンはびっしりと監視兵に取り囲まれ、シャプドゥンの逃亡を防ぐため、すべての門の前に毎晩大きなかがり火が焚かれた。タロ村の家という家に、食べ物を求める「客」が押しかけた。兵士たちは毎日、近くの野原に集合して、並んで食事をした。大勢の兵が駐屯しているため、タロの米の備蓄はあっというまに底をついた。村人たちはシャプドゥン所有の水田から追加の米を運び入れ、脱穀して兵に食べさせた。しかしそれでも足りずに、腹をすかせた兵たちが、ノプガンやテンベカなど近くの村に押しかけて、牛を七頭も殺して食べたこともあったという。

兵たちのほとんどはシャプドゥン暗殺に乗り気ではなかった。僧侶を殺すのは大罪とされていたからだ。またその頃、中央僧院では高僧たちが集まって、国王に宛てたシャプドゥン助命の嘆願書を書いていた。シャプドゥンが自分たちと一緒に、冬はプナカ・ゾン、夏はティンプ・ゾンで過ごせばよい、そうすればいざこざを引き起こすこともないだろう、という内容で、シャプドゥンの潔白も証明するつもりだった。けれどもこの嘆願書は、国王の信任あつい中央僧院の権力者、導師サムテン・ギャムツォに握りつぶされた。サムテン・ギャムツォは草案を破り捨て、僧たちにこう言った。「ひとたび洪水が起これば、濡れずにすむ石などない」。そして僧たちの懇願に耳も貸さず、書記のガセプ・ボクに命じて、まったく違う内容の書状を書かせた。書状を書き終えたガセプ・ボクは、こうつぶやいたという。「私はもう二度と筆をとらない。私はこの手で罪を犯してしまった。地獄行きは決まったようなものだ」。その内容は、中央僧院はこの問題にいっさい口出ししない、すべては国王のご判断で決定されたい、というものだった。議論は終わった。タロで待機する軍の指揮官たちに、冬の王宮クンガ・ラプテンから、ついにシャプドゥン暗殺の命令が下った。軍がタロに到着してから二週間後のことだった。

ブータン暦の辛未《かのとひつじ》の年十月二日（西暦一九三一年十一月十一日）、シャプドゥンは新しい服を出してくれと言った。けれども肌になじまないので、結局着るのはやめにした。夕方になって、ジョカプ・ミンジュルがシャプドゥンの従者の僧ザドゥ・クンレに、シャプドゥンの寝所のかんぬきを下ろさないように、と言ってきた。不安にかられたザドゥ・クンレはシャプドゥンに、「危険かもしれません、どうかお休みにならないでください」と言った。するとシャプドゥンは、「私が死んで丸く収まるのなら喜んで死のう。私は死を恐れない。私にとって、死とは服を着がえるようなものだ」と言った。ふだんシャプドゥンは窓ぎわの寝台で寝ていたが、この日は柱のそばの床に寝床を延べさせた。そして服をぜんぶ脱ぎ、裸で寝床に入った。祭壇のバターの灯明が消えると、部屋は真っ暗になった。シャプドゥンのいとこのウムゼ・ドクリが「灯明をつけましょうか」と言うと、シャプドゥンは「まぶしいからこのままでいい」と答えた。そうしてじきに眠ってしまった。

その時、十一人の男がシャプドゥンの寝所に入ってきて、たいまつが暗闇を照らした。ウムゼ・ドクリとザドゥ・クンレはとっさに祭壇の後ろに隠れた。ウムゼ・ドクリによれば夜の十時か十一時頃だったという。男たちはしばらく、お前が先に行けとばかりにもみ合っていた。その場で固まったように動かない者もいた。やがて、中心人物らしき四人――ジョカプ・ミンジュル、パロの接客長ナムギェ、ガンテ・トゥルクの家来ポプテー、プナカの執事カルチュンが、眠っているシャプドゥンを取り巻いた。四人はシャプドゥンを押さえつけ、喉《のど》をつかんで股をけり上げた。

シャプドゥンはもがいたが、絹のスカーフで首を絞められて息絶えた。男たちはシャプドゥンが死んだことを確かめると、呆然としている僧たちに、シャプドゥンを元通りきちんと寝かせろ、と言った。僧たちは衝撃のあまり動けなかった。それで暗殺者は自分たちでシャプドゥンの遺体を寝床に戻し、争いの跡を消した。そして僧たちに「ここで見たことを話せば、お前たちも同じ運命だぞ」と釘をさした。翌日、「シャプドゥンは昨夜、就寝中にお亡くなりになった」と発表された。享年二十六だった。

シャプドゥンの葬儀は、あのガンテ・トゥルクが取り仕切ることになった。普通なら、丁重に盛大な葬儀が行なわれるところだが、ことがことだけに、手早く済ませてしまう必要があった。本来なら、シャプドゥンの遺体は長いあいだ人々の前に安置され、それから防腐処置をほどこされて銀の仏塔に納められる。タロ・ゾンには、今でもシャプドゥン・ジクメ・ダクパとシャプドゥン・ジクメ・チュギェルのミイラが安置されていて、まるで生きているかのように、毎日びんろう樹の実などの好物が供えられ、訪問者は取り次がれ、中央僧院の任命した侍従長が仕えている。

一九三一年十一月二十六日、死後わずか十二日*で、シャプドゥン・ジクメ・ドルジはタロ・ゾンの芝地で荼毘《だび》に付された。身体は灰になったが、心臓と目と舌だけが残っていた。これは吉兆とされ、焼け残った部分は聖遺物として保存することになっている。だがガンテ・トゥルクは、「この未練がましい心臓めが!」と毒づきながら心臓に棒を突き刺し、ばらばらに引き裂いてしまった。

火葬の儀式はブータンの大僧正(ジェ・ケンポ)、チュジェ・ワンチュクが執り行なった。カルサン・ラカン寺の前に火葬用の薪が積み上げられ、向かいのツェチュ・パンに張られた大きな天幕の中で、中央僧院の僧たちが経を唱えた。年配の村人たちは誰はばかることなく泣いていた。大っぴらに泣くのが恐ろしくて、涙をこらえている者もいた。ジョカプ・ミンジュルが「タロプ(タロの人々)よ、泣くことはない。お前たちのラムはすぐに戻ってくる」と言うと、シャプドゥンを慕う一人の村人が大胆にも皮肉を飛ばした。「俺たちのラムを殺して、さぞかし満足だろう」。シャプドゥンの遺灰は、近くのノプガン村を通ってプナカのモチュ川に運ばれ、そのあとにすすり泣く村人たちの列が続いた。遺灰が川に流されると、シャプドゥンの愛馬チェンガ・ザムは、苦しそうに岸を転げ回ったという。馬が涙を流していたのを、大勢の人が見ている。さらに不思議なことには、人々の泣き声に合わせて犬が一斉に吠え出し、谷じゅうに人と獣の泣き声がこだました。

シャプドゥンの母親のアビ・ユム(ヤンチェン・ドルマ)には、息子の死は伏せられていた。アビ・ユムをタロの家に軟禁していたシャ・ゼコとドルジという二人の男がうっかり口を滑らせたので、ようやく事実を知ったのだ。シャプドゥンの遺灰は、もうプナカのモチュ川に流されたあとだった。

私の母はパロのサン・チュコルで、弟の非業の死を知らされた。母はすぐにタロに駆けつけたが、アビ・ユムが軟禁されている家に入ることは許されなかった。祖母は二階の窓から、母はその下の菜園に立って、互いに見つめ合った。それは胸のつぶれるようなひとときだったに違いない。抱き合って深い悲しみを分かち合いたいのに、それは叶わず、ほんのしばらく言葉を交わすことしかできなかった。アビ・ユムは母に、シャプドゥンが殺された夜、「アイ! アイ!(母さん! 母さん!)」という声が聞こえた、それからずっと、その声が耳について離れない、と言ったそうだ。母がいとまごいをすると、祖母は「手を出して」と言って、布に包んだ餞《せん》別《べつ》の品を窓から投げた。母が受けとめて見てみると、それは珊瑚の首飾りと、黄金の金剛杵だった。タロの山を下り、子供と夫の待つパロへの道をたどりながら、ひとりぼっちで閉じこめられている母親を思うと胸が張り裂けそうだった。悲嘆に暮れながら、なすすべもなく、母はタロからサン・チュコルに戻った。しかし、まだしも平穏だったサン・チュコルでの日々も、まもなく終わりを告げようとしていたのだ。


*―ブータンでは高僧が亡くなると、三日間を瞑想中と考える(第7章69頁参照)。それから十二日後という意味。

第4章 サン・チュコル・ゾンの火事

叔父のシャプドゥン・ジクメ・ドルジ[27]が亡くなってから二か月半後、両親は用事があって、ハ地方のタチュ・ゴンパまで行くことになった。誰もが知っている真言「オーム・マニ・ペメ・フーム」を皆で唱える、二十一日間の講会《こうえ》の最終日に参加するためだ。村人が親睦を深める機会でもあり、こうした集いを主催するのは名誉なこととされていたので、毎年二軒の家が施主になって、一方が儀式のあいだの昼食を、もう一方が夕食を皆にふるまう。両親はたまたま施主を引き受けていて、シャプドゥンが亡くなったために、そうした施しをして功徳を積むことにいっそう切実な思いを抱いていた。私たちは祖父のクンガ・ギェルツェン[7]の生家に泊まった。その家には当時、祖父の兄のペマが住んでいた。喪中だったので両親は普段着のままで、母はいつも着けている珊瑚の首飾りも外して、盗まれないように宝石箱をパロのツェンドナの親戚に預けておいた。

深い悲しみに沈みながらハのタチュ・ゴンパにいると、ブータン暦一月十九日にパロから使いの者が来て、サン・チュコル・ゾンが火事だと言った。私たちはあわただしくタチュ・ゴンパを発った。母の話では、旅のあいだじゅう、みな気が動転して黙りこくっていたということだ。もうあのサン・チュコルを見られないかもしれないと思うと、しぜんと足が速くなった。だがカリラ峠まで来た時、火事がもう手のつけられない状態だということが分かった。サン・チュコルの上空いっぱいに、すさまじい黒煙が立ち上っていたのだ。ゾンが炎に包まれているのを見て、祖母のンゲドゥプ・ペム[8]と母は思わず声をあげて泣き出した。サン・チュコル・ゾンは私たちにとって、わが家も同然だった。家財一式がゾンの中にあった。祖父のクンガ・ギェルツェンは、貴いゾンに別れを告げるかのように、手を組み合わせて祈っていた。仏教美術品が火事で燃えてしまい、祖父は大変なショックを受けていた。なかでも貴重な経典と、ダイヤモンドやルビー、真珠、トルコ石をちりばめた貴いグル・リンポチェの金の像が燃えてしまったのは痛手だった。グル・リンポチェ(パドマサンバヴァ)は、八世紀の中頃にインドからブータンにやって来た、第二のお釈迦様とされている。グル・リンポチェは、今はパキスタン領となっている古代ウッディヤーナ王国のスワット谷に生まれた。そしてブムタンのシンドゥ・ラージヤ王に招かれてインドから訪れ、ブータンにタントラ仏教を広めた。ルンツィのセンゲ・ゾンやブムタンのクジェ・ラカン寺など、グル・リンポチェが瞑想を行なった場所はすべて聖地になっている。

サン・チュコル・ゾンの火事は、パロ・ペンロプの馬丁が吸っていた煙草の火が原因だった。ペンロプの義弟グプ・ツェリンもその場にいたが、火が出た時に二人が消し止めなかったので、火はサン・チュコル・ゾンの前にある高いポプラの林に燃え広がり、たちまちゾン全体が業火にのみこまれた。

サン・チュコルに着くやいなや、祖父と父は村人と一緒になって火を消した。棒きれで残骸や燃えかすや黒こげの材木をかきわけて、何か取り出せそうな物がないか探し回った。もうもうたる煙やひどい余熱を避けながら、祖父と父は燃え残りを拾い集めていた。二人とも、すすと煙で真っ黒で、どっちがどっちか分からなかった。そのうちに、毀《こわ》れた仏像や溶けた金属のかたまりが見つかった。驚いたことに、焼失をまぬかれた経典もあった。経典を包んでいた布と、ページの端がほんのちょっと焦げているだけだった。無事だった経典があって、祖父はとてもほっとしていた。グル・リンポチェの像は、祖父が必死になって探したが結局見つからず、出てきたのは何種類かの硬貨と、銅の飾りつぼだけだった。

それ以外に、ゾンの正面入口にあった大きな銅鑼《どら》も無傷で見つかった。これは鈴と同じように、僧侶に休憩時間を告げるのに使われていたものだ。銅鑼が無事だったことは、これを境に物事が良い方向に向かっていくしるしと考えられた。このほか、火事のさなかに尼僧と堂守《どうもり》が、トンドル（巨大な軸装アプリケ仏画）、チョクレ・トゥルク・イェシェ・ンゲドゥプ[2]の像を納めた銀のチョルテン（仏塔）、タンカ（軸装仏画）、金文字の経典一巻、象牙一対、ロム（シンバル）を運び出していた。

私たち家族は火事ですべてを失い、またもや住まいを失った。ただ、このとき私はまだ幼くて、ことの重大さがあまりよく分かっていなかった。サン・チュコル・ゾンが焼ける前に、祖父がプンツォ・ペルリ（円満成就吉祥山）と名づけた新しい家を設計し、建築に取りかかってはいた。ゾンはもともと国のものだったし、それにさっき言ったように、クンガ・チュリンをパロ・ペンロプに買い上げられていたので、家族の住まいがパロになかったからだ。プンツォ・ペルリは、クンガ・チュリンとほとんど同じ造りでひと回り小さく、リンプ・ゴンパとサン・チュコル・ゾンのあいだにあった。サン・チュコル・ゾンが焼けた時、プンツォ・ペルリは内装の仕上げをしているところだったので、私たちは燃え残った仏像や焼けこげた家財道具を持って、ひとまずリンプ・ゴンパに身を寄せることにした。リンプ・ゴンパで使えるのはたった三部屋で、子供が増えた家族にはとても窮屈だった。一部屋は物置にし、もう一部屋は長兄のチョクレ・トゥルク・ジクメ・テンジン(ラム兄さん)が使った。ラム兄さんは寝台で寝て、ワンチュク兄さんと私は木の床で寝た。三つ目の部屋は何でも部屋だった。祖父と祖母が窓ぎわで寝て、あとの面々はそれぞれ部屋の隅や壁ぎわで寝た。

プンツォ・ペルリの仕上げの頃、ワンチュク兄さんと私は、材木集めなどの雑用をした。二人でリンプ・ゴンパの上手の森に行って、材木を坂の下まで引きずってくる。私はこのとき六歳だった。今の人から見たら、子供にそんな仕事をさせるなんてけしからんと思うだろう。しかしこの頃は、男の子が七歳になれば畑を耕すのが当たり前の時代だった。

それに家を建てているあいだは、手伝いの重労働がある代わり、いろいろと良いこともあった。祖父と父が家の建築で忙しいので、授業の回数が減ったのだ。ある日、ラム兄さん、ワンチュク兄さん、私の兄弟三人で、家の近くの泉に遊びに行った。その時ラム兄さんは、小川の近くで、こん棒のような変わった形の木の枝を拾った。枝を部屋に持って帰ると、兄さんはその使い心地を弟たちの頭で試してみたくなり、私の頭をごつんとやった。「いてっ」と私は叫んだ。次にワンチュク兄さんが頭をたたかれ、「いてててっ」と大きな悲鳴を上げた。私より強くぶたれたのだ。ワンチュク兄さんは頭から血を流して、泣きながら祖父と父のところへ行った。ラム兄さんと私はあわてて一階の物置に隠れた。物置は窓がないので真っ暗だった。

父がたいまつを持って私たちを探しにやって来て、明かりが一瞬、こちらを照らしたが、ラム兄さんと私は隅の方に隠れていたので見つからなかった。父が出ていくと、私たちはすばやく二階の物置に移動して、サン・チュコルの焼け跡から拾ってきた、黒こげのがらくたの陰に身をひそめた。物置の扉が少し開いていて、しばらくするとその扉のすきまから、らんらんと光る二つの目がこちらを見ているのに気がついた。私は周りのがらくたを見回して鉄の棒を手に取り、「これを投げようか」とラム兄さんにささやいた。兄さんは「だめだ、やめろ」と言ったが、私はかまわず投げつけ、鉄の棒が扉にガツン、と当たった。あれはいったい誰の、あるいは何の目だったのだろう。とても人間の目のようには思えなかった。祖父母と両親にもこの物音は聞こえたはずだが、捕まってお仕置きを食らうことはなかった。兄さんと私はこっそり部屋に戻り、母が持ってきてくれた夕飯を食べた。翌朝、両親はワンチュク兄さんのけがのことで大騒ぎで、頭に白い包帯を巻いてもらったワンチュク兄さんは、皆からちやほやされてご満悦だった。

　ある朝、ラム兄さんとワンチュク兄さんと私が仏間で朝ご飯を食べていると、地響きのようなものすごい音がした。急いで両親と祖父母の部屋へ行ってみると、部屋中にもうもうと塵《ちり》が舞い上がり、何も見えないので、中に入ろうにも入れない。ようやく塵がおさまってくると、祖父のクンガ・ギェルツェン、祖母のンゲドゥプ・ペム、父の三人が、一枚の板の上に危なっかしく乗っかっているのが見えた。床がそっくり抜け落ちていた。母と女中のダゴムの姿は見当たらなかった。二人が床もろとも下へ落ちたのだと気づいて、私たちは血の気が引いた。父はとっさに飛び降りて母を捜そうとしたが、祖母に止められた。三人は足場の板の上をそうっと歩き、何とか無事に戸口までたどり着いた。戸口の床に移ったとたん、板と漆喰《しっくい》はこなごなになって崩れ落ちた。あと一瞬遅かったら、大変なことになっただろう。危険から脱すると、父はすぐに下へ降りて、「ドルジ・オム、ドルジ・オム」と大声で叫びながら、母を捜し始めた。母の女中のダゴムは、けがはなかったが、腰が抜けてしまっていた。それでも心配のあまり「奥様、奥様」と呼び続けていた。しばらくしてようやく、母のかぼそい声が聞こえた。「私は大丈夫よ」。父が助けに飛んでいくと、母は漆喰や板や角材の下敷きになっていたものの、銅の調理道具のおかげでまともに衝撃を食らうのをまぬかれていた。調理道具は重みでぺしゃんこだったが、母は軽い打ち身だけですんだのだ。

　一方、シャプドゥンの暗殺以来、父は事実上、パロ・ペンロプのツェリン・ペンジョルに干されていた。正式に解雇されたわけではなかったが、まったく仕事を与えられなくなったのだ。仕事をしていた時には公邸から食料をもらっていたが、雇われているだけでは何ももらえない。だから公邸で働く者にとって何より大事なのは、ペンロプに取り入り、気に入られることだった。誰もがペンロプを恐れていた。祖母のンゲドゥプ・ペムは、ペンロプの侍従長サンギェの妻で、パロのボンデ出身のジャガムと「仏縁上の姉妹」の仲だった。ブータンの女性は特別な儀式で、一枚に一人の名前が書かれた紙をくじで引き、その相手と仏縁で結ばれた姉妹になる。ジャガムと祖母はパロ・ペンロプの公邸内の動きについて、たまにこっそり情報を交換し合っていた。そのジャガムが、叔父（シャプドゥン）の身に起きたことが、その甥、つまりラム兄さんの身にも起こるかもしれない、と祖母に打ち明けた。

パロ・ペンロプはサン・チュコル・ゾンの火事の直後、ジャガムの夫の侍従長サンギェを、両親のもとに寄こした。ペンロプの狙いは母の宝石だった。前に言ったように、サン・チュコル・ゾンが焼けた時、宝石類はパロのツェンドナに住む祖母ンゲドゥプの妹、ザムのところに預けてあった。母が持っていたのはジ(猫目石)二十五個、珊瑚の首飾り三連、金の装身具とティンカプだった。この宝石類を差し出せば、ゾンを再建しよう、とパロ・ペンロプは言ってきたのだ。祖父母はその言葉を真に受けて、何と貴いこころざしかと思い、喜んで宝石を手放した。ところが宝石を渡した三日後、ペンロプはまた侍従長のサンギェを寄こし、前とはまるで違うことを言ってきた。「お前たちがサン・チュコル・ゾンを再建すれば、火事の責任は不問に付す」と。

リンプ・ゴンパでの事故のあと、家族は新築のプンツォ・ペルリに引っ越した。立て続けに災難に見舞われて、私たちは家運が傾きつつあるのではないかと不安になっていた。サン・チュコル・ゾンが焼けたのも、リンプ・ゴンパの床が落ちたのも、吉兆とは言えない。そしてプンツォ・ペルリで、だめ押しのように不吉なできごとが起きた。二頭の豹《ひょう》が庭に入ってきて、家の戸口に座り込んだのだ。祖父母と両親は、ジャガムがひそかに知らせてくれた通り、兄のチョクレ・トゥルク・ジクメ・テンジンに危機が迫っているのではないかと不安になった。この不安は的中した。パロ・ペンロプに仕えている親類が、夜にこっそり家を訪ねてきて、ラム兄さんの命が大変な危険にさらされていると両親に知らせたのだ。それを聞いてすぐに、私たちは安全なチベットへ逃れることにした。

第5章 ギャンツェ、そしてカリンポンへ

床が崩れ落ちて以来、母は背中の痛みに悩まされていて、それがチベットのパリの近くのコンブ温泉へ湯治に行くかっこうの口実になった。母の湯治に一家でチベットの温泉に行く、という話をまわりに広める一方で、両親と祖父母はプンツォ・ペルリの近くに深い穴を掘り、貴重な骨董品や仏教美術品を銅のつぼに入れて埋めた。その品々は、いつもラム兄さんが持ち歩いていたのでサン・チュコルの火事をまぬかれたのだ。つぼには蓋がわりに別のつぼをかぶせて埋め、目印に大きな石を置いた。危険がなくなれば、すぐにプンツォ・ペルリに戻るつもりだった。

私たちはいかにも湯治に行く家族らしく、たくさんの食料と服を二頭の馬に積んで出発した。もう一頭の馬には鞍を置いて母を乗せた。一行は大人数で、その顔ぶれは両親と祖母、弟のレンケ、ワンチュク兄さん、まだ赤ん坊の妹デチェン・オム、●33 父のいとこのケサンおじさんと妻のツェワン・ペムだった。ケサンおじさんは祖母ンゲドゥプ・ペムの妹、アンゲー・ザムの息子だ。パロ・ペンロプに怪しまれないように、祖父とラム兄さん(チョクレ・トゥルク・ジクメ・テンジン)はプンツォ・ペルリに残り、十五日後にパリで落ち合うことになった。別れるのはつらかった。あとで落ち合うことにはなっていたが、計画が失敗する可能性もあったのだから。

パリまでは二日かかった。進むのが遅いので、私とワンチュク兄さんはよくみんなを置いてきぼりにした。そして皆が追いついてくるのを待つあいだ、腰に差したナイフを抜いて木ぎれを切ったりしていた。暑いので、ゴをもろ肌脱ぎにしていたが、だんだん標高が上がるにつれて涼しくなった。これから亡命するというのに、私は見知らぬ国へ向かう冒険にわくわくしていた。ヲテナで一泊し、翌朝発って、夕方近くにパリに着いた。パリで泊まったのは二階建ての大きな家で、温かいもてなしを受けて、すっかりくつろいだ気分になった。そこからコンブ温泉まではあと一日だった。

私たち一家はコンブにヤクの大きな群れを持っていて、番人が毎年決まった量のバターとチュゴ(乾燥チーズ)を送ってきた。また番人との取り決めで、群れのヤクは決まった数に保つことになっていて、番人はヤクが増えた時は増えた分を自分のものにし、病気や事故でヤクの数が減った

時には補充する。その番人がコンブからパリに出てきて私たちを出迎え、案内してくれた。ヤクに乗るのは、最初はするどい角が少し怖かったが、楽しかった。それに二日間歩いて足にまめができていたのでちょうどよかった。

コンブ温泉の近くまで来ると、広い敷地のまん中に小川が流れているのが、高台から見渡せた。小川のパリ側には十三の温泉があって、そのうち三つは土壁で囲んであった。一番大きい温泉はタ・ジンという名前で、他の温泉は平地にあったが、これはゆるやかな斜面にある。ヤクから下りた私は真っ先に駆け出し、ゴを脱いで、まっしぐらにタ・ジンに飛び込んだ。私がタ・ジンに入ったのはそれが最初で最後だ。なにしろ熱かったのだ。だが両親と祖母はこの熱い湯にすぐに慣れて、よく長いこと浸かっていた。温泉は熱ければ熱いほど効用があると言われていたからだ。ワンチュク兄さん、私、弟のレンケはもっとぬるい温泉に入った。湯が地面から湧き出して、ごぼごぼと音を立てていた。私はよく温泉の底までもぐって、白い小石を取ってきたりした。

ヤクの番人が、温泉のそばに住まいを用意してくれていた。食事のたびに、新鮮なバターやバターミルク、チーズがたっぷり出てくる。羊の肉も初めて食べたが、最初は独特の臭みが気になった。ガムのようによく噛んで食べる乾燥チーズは、なかなかのごちそうだった。だが実を言えば、私はブータンの主食の米が心底恋しかった。チベットでは米が育たないので、なかなか手に入らない。それで米を食べるのは昼食だけにして、朝食は小麦粉、夕食はそば粉で間に合わせた。食事はツェワン・ペムが用意してくれた。

日がたつにつれて、ラム兄さんと祖父が恋しくなった。家族は皆、二人が約束の日にパリに来られるかどうかひどく心配していた。私たちがパロを発ったあと、パロ・ペンロプは二人が後を追うのではないかと警戒を強めていたからだ。パロから温泉に来た人の話では、私たちの出発後すぐ、あちこちに警備の兵が置かれたという。チベット方面ではドゥギエル・ゾンの先にあるシャナ・ザム、南にはランゴ・ザムに警備兵が置かれた。パロに病気の牛の肉が持ち込まれないようにするためという名目だったが、本当はラム兄さん、つまりチョクレ・トゥルク・ジクメ・テンジンの逃亡を防ぐのが目的だった。

幸い、二人は夜陰に乗じて脱出することができた。祖父クンガ・ギェルツェンとラム兄さん、忠実な従僕のダギェ・タシと二人の使用人は、日が落ちるとすぐに三頭の馬を連れてリンプ・ゴンパを発った。シャナ・ザムに着くと、二人の警備兵が橋をふさぐように頭をくっつけて眠りこけていたので、祖父たちは彼らを忍び足でまたぎ越し、馬にもそっと乗り越えさせた。一行が橋を渡っているあいだ、ダギェ・タシは警備兵を見張り、いつでも短剣で刺せるよう構えていた。二人が運悪く目を覚ませば、迷わず口をふさぐつもりだった。

シャナ・ザムを過ぎて何分もたたないうちに、雄鶏の鳴き声が聞こえた。それを聞いたダギェ・タシがうれしそうに言った。「雄鶏が鳴くのは新しい日が始まるしるし。これは吉兆です」。けれども他の人々はそんな楽観的な気分にはなれず、不安に胸を締めつけられる思いで先を急いだ。パリ峠まで来てようやくひと安心し、休憩して食事をすることになった。ラム兄さんは平たい石に座り、他の者はめいめい地面に腰を下ろした。ラマより上座に座るのは非礼にあたるからだ。兄さんは祖父が差し出したそばの練り粉を食べた。二人が切ない思いでパロの方を見つめ、谷の風景に見とれていると、突然、二羽のワタリガラスが飛んできて、一メートルほど先の仏塔にとまった。カラスはラム兄さんに向かい、まるで祝福を受けに来たように頭を下げた。そして兄さんを見たあと、仏塔の上を三回まわってパロの方へ飛んでいった。ワタリガラスはブータンの守護尊マハーカーラの象徴だったので、このできごとに祖父は希望を取り戻した。「家族はいつの日か故郷に戻るだろう」。祖父は手を合わせ、神託のようにそう言ったという。この縁起のいいできごとのおかげで、チベットへ向かう峠越えのつらさも耐えられたとあとで聞いた。

一方パリの私たちは、祖父とラム兄さんが来るのを首を長くして待っていた。私たちに怪しい者が近づかないよう、土地の官吏が選んだ十人の兵が厳しく見張っていた。約束の日、ワンチュク兄さんと私は、宿の菜園で採れたばかりの豆をゆでて籠《かご》に入れ、パリから一時間のところまで迎えに行った。晴れた暖かい日だった。待ちかねた祖父とラム兄さんの顔を見た時には、本当に逃げて来られたのが信じられない気持ちだった。祖父は疲れきった様子だったが、私たちの顔を見て二人ともうれしそうだった。祖父は開口一番、「他のみんなはどうしている」と聞いた。しばらく草地でひと休みして持ってきた甘い豆を食べたあと、ワンチュク兄さんと私は誇らしい思いで、みんなをパリの町まで案内した。家族はほっとして、再会できたことを喜んだ。ラム兄さんは温かい歓迎を受け、私たち一家はパリ・ゾンに滞在できることになった。ゾンの高官はラム兄さんの身の安全にたいそう気を配り、百人の護衛兵をつけてくれた。

ゾンでの最初の晩、私は夜中に用足しに起きた。便所は外にあって、一人で行くのが怖かったので、祖母のンゲドゥプ・ペムを起こしてついてきてもらった。すると、ゾンの周りをびっしりと男たちが取り囲んでいるではないか。思いもよらないこの光景に、祖母はどんなに仰天したことだろう。きっと不安のあまり、一晩じゅう眠れずもんもんとしていたに違いない。てっきりパロ・ペンロプの軍隊が、私たちを捕らえるためにゾンを包囲していると思ったのだ。翌朝になって、包囲していたのはラム兄さんを警護するためのチベット兵だったことが分かった。あれはただ、見張りをしていただけだったのだ。

祖父の親友ヲジョラは、私たちが無事にラサまで行けるように、あらゆる手を打ってくれた。ヲジョラは身長一八〇センチ、色の浅黒いやせたチベット人ラマ僧で、チョモの貴族の出なのであちこちに顔が利いた。またヲジョラのおじは、奇跡を起こすというのでチベットでは有名だった。ヲジョラは逃亡計画のために大いに力になってくれ、チベットに亡命する一か月前にもリンプ・ゴンパに来て、手配を全部すませてくれた。ヲジョラによれば、私たちはギャンツェ経由でチベットの首都、ラサまで行く手はずになっていて、チベット政府にもそう伝えてあるとのことだった。

ラム兄さんと祖父がパリに到着した数日後、私たちはチベット政府が用意してくれた荷馬三十頭と騎乗用のポニー五頭とともに、ギャンツェへ発った。天気がよかったので、気持ちのよい旅になった。ギャンツェまでどれぐらいかかったかはよく覚えていないが、たぶん六日ぐらいだったと思う。ただ、ラム兄さんが歩いている時も馬に乗っている時も、必ず護衛が周りを囲んでいたことは覚えている。護衛は、途中で別の地域に入るたびに交替していた。ギャンツェでは、石の壁に囲まれた庭園の中の美しい建物、デワ・チュルン(極楽法城)に滞在した。デワ・チュルンには内門と外門があって、内門は中庭に通じている。中庭の中央にはマニ・ラカン堂があり、周りに平屋建ての住まいが並んでいた。ラム兄さんには仏壇のある一番上等の部屋があてられた。部屋はたくさんあったので、私たちも皆、従僕までそれぞれ自分の部屋をもらうことができた。ギャンツェの官吏は、賓客《ひんきゃく》のラム兄さんのために特別待遇を用意してくれ、料理人頭《がしら》、料理人、馬の世話係、掃除人など、私たち一家の世話係が任命された。ラサで私たちを受け入れるかどうか最終的な話し合いが行なわれているあいだ、ギャンツェに半年近く滞在し、そのあいだに私は少しチベット語が話せるようになった。

ヲジョラはこの件について高官と話し合うため、ラサへ行った。入れかわりにセラ大僧院（ラサ三大寺院の一つ）から四人の高僧がラム兄さんを訪ねて来て、必要とあればあらゆる手を尽くして守り、支援すると約束してくれた。高位の化身であるチョクレ・トゥルク・ジクメ・テンジンは、チベットの官吏からも僧からも丁重な扱いを受けた。これは、三代目チョクレ・トゥルクのイェシェ・ギェルツェン（一七八一―一八三〇）に対する尊敬と崇拝の念が、まだ生きているためだった。イェシェ・ギェルツェンはチベットの高僧、中でもカム出身のダライ・ラマ九世ルント・ギャムツォ（一八〇五―一八一五）に仏教を説き、祝福を授けた人物だ。清朝皇帝、嘉慶帝《かけいてい》仁宗《じんそう》（一七六〇―一八二〇）もその教えを受け、返礼として最高位のラマに差しかけるドゥと呼ばれる傘と、勅令を記した金の板を贈ったという。ダライ・ラマ九世はわずか十歳で亡くなっているので、「チョクレ・トゥルク・イェシェ・ギェルツェンおよびその転生者がチベットを訪れた際は、必ず荷馬三十頭と騎乗用のポニー五頭を提供し、放牧を許可せよ」という勅令を出したのは、おそらく彼の摂政デモだろう。

ギャンツェでの滞在がいつまで続くのか分からないので、サン・チュコルやリンプ・ゴンパにいた頃のような、きっちりした時間割の勉強は始められなかった。それでも一応時間割らしきものはあって、午前中は祖父の授業を受け、そのあとは自由にしていいことになっていた。兄二人と私は庭園を歩き回り、柳やポプラの木でよく木登りをした。柳の木からしみ出した、赤いねばねばの樹脂を食べることを覚え、砂場で腕が痛くなるまでデゴをしたりもした。デゴというのは、平たい石を投げる輪投げのような遊びだ。兄たちは座っておしゃべりしたり、経を唱えたりしていた。一見、穏やかな日々だったが、いま思えば両親と祖父母にとってはつらい時期だったに違いない。きっと将来への不安でいっぱいだったはずだ。いったいギャンツェの次はどこへ行くことになるのか、と。

デワ・チュルンでひと月ほどたった頃、高僧ギャンツェ・ケンチュンが、私たち一家を住まいのギャンツェ・ゾンへお茶に招いてくれた。ギャンツェ・ケンチュンはその地方の長官で、当時のダライ・ラマ十三世トゥプテン・ギャムツォ（一八七六―一九三三）の腹心でもあった。また通商代表も務めていて、チベットとインドを行き来する商品やキャラバンの管理をしていた。ギャンツェ・ゾンの部屋はすばらしく豪華で、私は目を見張った。美しい彫刻のほどこされた座卓があり、たくさんのタンカ（軸装仏画）が壁に掛かっていた。けれど一番印象に残っているのは、ギャンツェ・ケンチュンの部屋で出されたお茶だ。バターを気前良く入れすぎて、お茶というより練りバターのようになっていた。私たちをもてなそうという気持ちはありがたいのだが、あんまり濃すぎて飲めなかった。座卓の上にお茶をこぼすと、たちまち冷えてバターが固まった。それ以来私たちは、バターをたっぷり入れたお茶を飲みたい時は「ギャンツェ・ケンチュンのお茶にしよう」と言って、みんなでよく笑ったものだ。また、ギャンツェ滞在中には、あの有名な大塔*にも出かけた。

食べ物やお茶といえば、一人の老人のことを思い出す。毎日マニ・ラカン堂の外にある大きなマニ車を回しに来て、昼になると石だたみの中庭に腰を下ろし、小麦粉と干し菜の汁をすすっていた。老人はその貧しい食事で毎日飽きないらしかったが、私は一日一度は米を食べたかった。私は昔から米が大好きで、小麦や小麦粉の料理はどうしても好きになれない。変わりばえのしないメニューに、召使いたちもあきあきしていた。あるとき召使いのペマ・デンドゥプが、トライプ（牛の胃袋）を三つ洗って来るように言われ、調理の前に内容物をよく洗い落とさなければならないので、小川へ行った。戻って来た彼の手には、トライプは二つしかなかった。一つ減ったのをいぶかしく思った祖母がわけを訊くと、ペマ・デンドゥプは「手がすべって、川に流されてしまいました」と答えた。翌日の昼、みんながトライプに舌鼓を打つ中で、ペマ・デンドゥプだけは手を出さず、見るのもうんざりという様子だった。前の日にトライプを丸ごと一つ、焼いて食べたに違いない。

ヲジョラを介してチベット政府からの回答を待っているところへ、カリンポンから親戚のダヲ・ギェルツェンが訪ねてきた。ブータンのインド大使、ゴンジム（国王の侍従長）・ソナム・トプギェ（一八九七頃―一九五二）の代理としてやって来たのだ。ゴンジムはおそらく、ブータンのチベット大使ベンドゥプから、私たち一家がラサに行くつもりだと報告を受けたのだろう。二人の大使は、チョクレ・トゥルク・ジクメ・テンジンがラサへ行けばチベット政府との関係が悪化する、これは避けねばならないと思ったに違いない。ゴンジム・ソナム・トプギェはダヲ・ギェルツェンを寄こして、チベット・シッキム・ブータンの国境が接する辺りにあるインドの町カリンポンに、私たち一家の安全な隠れ家を提供すると言ってきた。ダヲ・ギェルツェンはギャンツェに二日滞在して、両親や祖父母と話し合った。結局、時が来たら安全に国へ帰ることを保証するという条件で、祖父母らはカリンポン行きの話を受け入れることにした。「国を離れるのは、ひとえに子供たちの安全のためです。もし国に戻って平和に暮らす方法があるのなら、それにまさることはありません」と祖母のンゲドゥプ・ペムは言った。

私たちがカリンポンへ発ったのは、柳の葉もすっかり落ちた、からっ風の吹く寒い日だった。長くてつらい旅で、六十近かった祖父母にとってはなおさらだったに違いない。カリンポンまでは歩いて七日で、途中カラ、デナ、パリ、チョモ、コイプ、リンタム、ペドンに泊まった。出発してすぐ落馬した時のことは、今でもはっきりと覚えている。私の乗った馬は年とってよぼよぼで、皆から遅れて歩いていた。鞍の帯がゆるんでいるのに気がついて、横を歩いていたペマ・デンドゥプに「締め直して」と言ったのだが、彼は疲れていたのか、私の言葉を聞き流した。私は皆に追いつこうと、帽子で馬をひっぱたいた。すると馬はびっくりして、ものすごい勢いで走り出した。とたんに乗っていた鞍がひっくり返り、私はあぶみに足をかけたまま、馬の腹の下を引きずられた。私はとっさに手で頭をかばい、そのまま気を失った。

気がつくと、「ウギェン・ドルジ！　ウギェン・ドルジ！」と呼ぶ声がかすかに聞こえた。頭がもうろうとしていたが、どうやら小川のそばのようだった。父が私をそっと抱え上げて、その夜の宿に運んでくれた。切り傷とすり傷で血だらけの手に包帯を巻かれ、スープを飲ませてもらっていると、母が父にささやいているのが聞こえた。「あぶみから足が抜けなかったら、とてもこんなものじゃすまなかったわ。息子の命を助けてくださったことを、守護尊に感謝しなくては」。父は、二日の行程を一日で行こうとしたのが事故のもとだと思い、祖父に対して怒っていた。祖父の顔を立て、あからさまに抗議することはなかったが、その日じゅうむっつりと押し黙っていたのが、せめてもの抗議のしるしだった。

ゴンジム・ソナム・トプギェは、約束通り、カリンポンに家を二軒用意しておいてくれた。両親と私たち子供は、ゴンジムの父、カジ・ウギェン（一八五三―一九一六）の建てた家に入った。その少し上手にあるもう一軒の家には、ラム兄さんと祖父母が住むことになった。ゴンジムの一家は近くのブータンハウス**で暮らしていた。ブータンハウスの敷地は、チョクレ・トゥルク・イエシェ・ンゲドゥプ●[2]がブッダガヤからの巡礼の帰りに加護を与え、浄めた場所だ。その時、守護尊に捧げるマルチャン（儀式用の酒）がぶくぶくと泡だったという。こういう変わったことが起きるのは、土地の持ち主が繁栄するしるしとされている。ゴンジムは、私たちがブータンへ帰るまで、無償で住まいと食べ物を提供してくれた。カリンポンでの暮らしは五か月に及んだ。

*――大塔とは、チベット最大の仏塔、パンコル・チョルテンを指す。
**――ゴンジム・ソナム・トプギェの家系が、ブータン王家の名代として外部との交渉に当たっていたので、ブータンハウスと通称された。

カリンポンにいる間に、ワンチュク兄さんはゴンジム・ソナム・トプギェにトジプ(小姓)として仕えることになった。兄さんは腰をかがめ、奉公の契約をする時のならわしで銀貨を差し出した。ゴンジムは兄さんに、長男ジクメ・ペルデン・ドルジ(一九一九—一九六四)のゴを二枚贈った。これを受け取るのは、兄さんが将来その長男に仕えるということを意味している。そして事実、のちにワンチュク兄さんは、ブータンの首相になったジクメ・ペルデン・ドルジに十五年間仕えることになった。

ゴンジム・ソナム・トプギェは、私たち一家がブータンのハ地方のシェカ・ダ(水晶窟)で暮らせるよう手配してくれた。シェカ・ダはハ・ゾンに近く、ゾンから私たちの様子を見ることもできる。崖《がけ》に隠れた人目につかない場所で、パロからは一日の距離があり、ここならパロ・ペンロプの注意も引かず手出しもされないだろうと思われた。しかも、祖父クンガ・ギェルツェンの生まれた家がシェカ・ダのすぐ上手、三十分たらずの所にあり、祖父の兄弟や親戚も近くに大勢住んでいた。

ところが荷造りを終えて新しい住まいに向かおうという時になって、困ったことが起きた。三歳になる妹のデチェン・オム[33]と、弟のレンケ[32]が病気になったのだ。しかしすぐに良くなるだろうと思い、私たちは病気の二人を抱えて出発した。予想は半分しか当たらなかった。レンケは良くなったが、デチェン・オムはアルガラとペドンのあいだにあるチュミ・チェンの寺で亡くなった。妹の死は、家族みんなの心に重くのしかかった。私たちはつらい気持ちを抱えたまま、ハのシェカ・ダまで旅を続けた。私は妹を失ったことがひどくこたえていた。デチェン・オムは私によくなついていて、いつも私と一緒だった。何十年もたった今でも、あの髪の長いかわいらしい顔を思い出すと心が乱れ、胸がしめつけられる。妹の亡《なき》骸《がら》は木の箱におさめられ、一行の先頭を運ばれていった。悲しみに暮れ、青ざめた両親がそのすぐ後ろに付き添っていた。当時、デチェン・オムは一人きりの娘だったのだ。ハ谷の手前のゼレ・ラという高い峠で、妹の亡骸は鳥葬にされた。じきに飢えたハゲワシがむらがり、妹の体があとかたもなくなってしまうのだと思って、私は愕然《がくぜん》とした。妹のことを話しているとあの瞬間を思い出して、今もとてもつらいのだ。

第6章 シェカ・ダに引きこもる

私たちの新しい家シェカ・ダは、チェンレジ（観音菩薩）を表す山の背の、切り立った崖《がけ》に張りつくように建っている小さな寺だった。この山は、それぞれチェンレジ、ジャンベ・ヤン（文殊菩薩）、チャナ・ドルジ（金剛手菩薩）の三菩薩を表す、ブータン三大名山の一つだ。私たちの住んでいたシェカ・ダは一九八六年に火事で焼け、今はまったく同じ場所に新しい寺が建てられている。昔のシェカ・ダは、一階の仏間にチェンレジ、ジャンベ・ヤン、チャナ・ドルジの像があって、壁にグル・リンポチェの八変化相や、仏教の口伝（カギュ）の諸尊が描かれていた。また寺の内殿には、土地の守護尊ドルジ・ジムの祭壇があった。ドルジ・ジムは、穏やかな神だということを示す白い顔をしていて、右手には矢を、左手には繁栄を表す宝玉を持っていた。

小さな寺は二階建てで、切り立った崖がそのまま寺の裏の壁になっていた。一階は物置と使用人部屋、二階の仏間では寝台にラム兄さんが寝て、ワンチュク兄さんと私はその足元の床で寝た。昼間、皆で食事をする台所が、夜になると祖父母の寝室になり、幼いレンケは祖母のンゲドウプと一緒に寝た。台所の横の小部屋が両親の寝室で、階段の踊り場が母の機織り場になった。

シェカ・ダに着くとすぐ、父のいとこのケサンおじさんとギェルツェンおじさんが、夜のうちに急いでパロの祖父の家プンツォ・ペルリへ行き、前に埋めておいた家宝を掘り返した。この家宝のうち家族の手元に残ったのはほんの少しで、それもわずか数年のうちに手放すことになった。

シェカ・ダは隠遁《いんとん》と瞑想にはうってつけの静かな場所だったが、およそ子育てには不向きなところだった。辺りは急斜面で、ちょこまか動き回る子供がいつ険しい山肌を転げ落ちてもおかしくなかった。とはいえ私たちはそのうち野生の山羊のように、険しい坂の上を飛び回れるようになった。

それでも断崖での生活は、いつも危険と隣り合わせだった。ある日、私は斜面の木に登って斧《おの》で枝を切っていて、木から落ちてしまった。こんもり茂ったやぶの上に落ちたのはよかったが、そこへ斧が降ってきておでこを直撃し、気を失ってしまった。ふと気がついて何が起きたか思い出した時には、頭からどくどく血が流れ、顔じゅう血まみれになっていた。ものすごい血の量にびっくり仰天して、私はまたしばらく気を失ってしまった。ハのやぶ医者は、ろくに麻酔もかけずに傷口を縫うものだから、針がぐさりと頭に突き刺さるたびに歯をくいしばってひたすら耐えた。おまけにそのあと傷口が膿《う》んで縫い目が開き、もう一度縫うはめになった。その時の傷跡は、昔は髪の毛で隠れていたが、まだ額《ひたい》に残っている。

シェカ・ダにいるあいだ、祖父は毎日ラム兄さんに厳しい授業をし、一日二回も試験をして授業の成果を確かめた。ワンチュク兄さんと私はダギェ・タシの授業を受けたが、まもなくダギェ・タシは僧侶生活に戻ることにし、プナカの中央僧院に帰っていった。朝の授業が済むと、外で牛を追ったり薪を拾ったりした。シェカ・ダの周辺は人間にも足元のおぼつかない急坂だったが、牛にとってはなおさらで、これでは囲いから出せなかった。それで、一キロ半ほど離れたルスカ村のアム（既婚女性の敬称）・ギエムの家に、私たちのささやかな牛の群れを置いてもらうことになった。三階建ての家の一階に広い納屋があって、そこを牛小屋にした。母は毎日夕方になると、もの悲しい歌を歌いながら草地や林を歩き回り、牛にやる草を集めた。その歌声は心に沁《し》みいるように美しかったが、母は恥ずかしがり屋だったので人前で歌うことはなかった。アム・ギエムは、牛の敷きわらや糞《ふん》で堆肥《たいひ》を作り、田畑にまいていた。まあそれが牛小屋の借り賃のようなものだった。

毎朝、近くの村から男の子たちが集まってきて、タチュ・ゴンパの向こうの広い草地で牛を放牧した。草地の端は険しい山になっていて標高が高く、湿った冷たい風が吹きつけるので、私たちはいつも焚き火をして温まった。すっかり遊びに夢中になって、牛のことをころっと忘れてしまうこともよくあった。いざ牛を連れて帰ろうとすると、どこにも見当たらない。そういう時には大あわてで、タラジャの洞窟に一人で住んでいる行者のところに駆け込んだ。行者がひとしきり占うと、迷子の牛の居場所がぴたりと当たることもあった。

ある日、友達と私は、迷子の牛を探して新しい足跡をたどっていくうちに、タラジャの洞窟の裏に出た。その時、メーチュム（猿の一種）のような鳴き声が聞こえてきたので、その声をまねて「オーウ」と鳴き返すと、同じ声が戻ってきた。そこには三〇センチぐらいの小枝の束が置いてあって、それがだいたい一メートルおきにずっと向こうまで続いている。私たちは牛を探す代わりに、小枝をたどってその奇妙な声のする方へと歩いていき、気づいた時には道に迷ってしまっていた。すっかり森の奥に入り込んでいて、来た道を探し、どこだか分かる場所に戻るまでさんざんな目にあった。私たちは大いにこりて、それ以来、二度とふらふら遠くへ行くようなまねはしなかった。

この土地で牛を追うのはきつい仕事だった。雨が降って、凍えるように寒い日は特につらかった。そんな日は、ヤクの毛を粗く織った四角い布をかぶって雨をよけ、冷たい湿った風から身を守った。親にろくに食べさせてもらえなかったとか、つらい目にあわされていたというわけでは決してないのだが、牛追いはとても体力を消耗する仕事で、それほど動き回らない割には、一日じゅう腹が減ってしかたがなかった。ルスカの上手の山で牛を放牧している時、しょっちゅう空腹に悩まされたのを覚えている。弁当はかなり質素なもので、たいてい小麦の練り粉（カプチェー。チベット語でツァンパ。麦こがし）一つかみに塩漬けトウガラシ少々というのが定番で、たまにご飯と肉のおかずという日もあった。

一九三四年、母はルスカ村のカキムの家で、妹のシェラ・ペム[34]を産んだ。出産は不浄とされていたので、寺であるシェカ・ダで産むことはできず、母は二週間シェカ・ダを離れていた。赤ん坊は女の子で、そのとき娘がいなかったので、両親は喜んだ。四年後の一九三八年には、もう一人女の子が生まれた。この時は、母は出産のために遠くまで行かなくてもよかった。シェカ・ダの下手に、お産のための小屋を建てたのだ。二人目の妹は、生まれた場所の名前を取って、シェカ・チョデン[35]と名づけられた。

シェカ・チョデンを産んだあと、母は一度流産した。子供（男の子だった）は五か月だった。赤ん坊をハ川に流してくるよう父に言われ、私は遺体を納めたブリキの箱を背負って川まで行った。土手に着いて箱を開けると、胎児はもう目や手足などの形がしっかりできていて、私は思わずしげしげと眺めてしまった。それから父に言われた通り、胎児に石を結わえ、箱を川に流した。そして箱が石の重みで沈んでいくのを見守った。

一九三五年、ジクメ・ワンチュック二代国王がハを訪問された。ゴンジム・ソナム・トプギェが陛下ご一行をお迎えする準備に当たり、父に随員の食料管理を任せた。これはゴンジムが父のことを大変信頼している証だった。またゴンジムはその折に、私を国王陛下に内々に紹介し、王のトジプ（小姓）に加えてくれた。これで私は王宮にはいなくても、形の上では王にお仕えする身になったのだ。その後、国王一行はブムタンへお帰りになり、ゴンジムもカリンポンに戻った。

その途中、ゴンジムは父を連れてパロへ行き、ペンロプのツェリン・ペンジョルを表敬訪問した。父はこれを機に、パロ・ペンロプの官吏としての仕事に戻りたいと考えて、ペンロプの屋敷デヤンカに向かった。ちょうどジャンサセメ・パンまで来た時、目の前の水たまりから、突然しぶきが上がって顔にかかった。なんと、銃弾が飛んできたのだ。父はとっさに水田の中に転がり込んだ。急いで射程圏外へ逃げようとした時、もう一発の弾丸が耳をかすめ、あわてて身を伏せたところへ、続けざまに三発の弾が飛んできた。父は文字通り田んぼの中をはい回って、何とかツエンドナまで逃れ、夜を待ってシェカ・ダに戻った。

祖父は父の話を聞いて大変な衝撃を受けていたが、何はともあれ一人息子が無事だったので胸をなで下ろした。その後、父は友人のツォンディ・ドゥンから、自分を狙撃したのがパロ・ペンロプだったと聞かされた。パロ・ペンロプは、ダンカツェンという男に窓の金網を切り取らせ、そこから銃を出して父を狙撃した。そして五発とも弾が外れると、「私の弾が当たらないとは、奴はいいツェントゥプをつけているに違いない」と言ったという。ツェントゥプというのは、持ち主を剣や銃から守る護符を納めたペンダントのことだ。パロ・ペンロプは射撃の腕で有名で、いつもパロ川にカボチャを浮かべては、パロ・ゾンの窓から撃っていた。

その後、父はゴンジム・ソナム・トプギェから、いろいろな雑用を回してもらって糊口をしのいだ。ゴンジムが飼っているヤクの世話をしたり、ゴンジムの公邸ハ・ゾンの木の長持《ながもち》に絵を描いたり、また夏の二、三か月、ゴンジムがハに滞在しているあいだは秘書を務めたりした。

ハのタチュ・ゴンパでは、毎年ブータン暦の一月に、二十一日にわたってマニ（オーム・マニ・ペメ・フームという六字の真言）を唱える行事があった。ラム兄さんがその最初の二日間、導師を務めることになり、本堂の横の広い部屋が兄さんのために用意され、ワンチュク兄さんと私もそこに泊まった。二日目、ワンチュク兄さんは心ここにあらずといった感じでそわそわして、すきあらばこっそり抜け出そうとしていた。けれども私がいつも金魚のふんのようにくっついているので、なかなか抜け出すことができない。それで兄さんは、だしぬけにルスカの方へ駆け出した。ルスカはシエカ・ダの向かいにある村で、タチュ・ゴンパの一キロほど下手になる。私はあとを追いかけていった。兄さんの心が一人の少女のことでいっぱいだとはつゆ知らず。兄さんはデートの時間に遅れそうだったのだ――ルスカでは恋人の少女が待っていて、兄さんを迎えた。自分の兄さんを少女に取られて、私は半べそをかきながらタチュ・ゴンパに戻った。

その晩はまんじりともできなかった。ワンチュク兄さんがどこかで外泊していて、ひとりぼっちだったからだ。その上、階段の踊り場から、気味の悪い大きな足音が聞こえてきた。しばらく足音が続いたかと思うと、突然、誰かが階段の下まで転げ落ちるような大きな物音がする。みしっみしっという足音と、そのあと何かが転げ落ちるような物音は、朝のお勤めを告げる目覚ましの鈴が鳴るまでずっと続いていた。翌朝、ひどく疲れてむしゃくしゃしていた私は、ワンチュク兄さんが帰ってきても口をきかなかった。機嫌が悪かったのは眠れなかったからではない。兄さんが私をほったらかしにして、恋人のところへ行ってしまったからだ。兄さんは恋人のことで頭がいっぱいで、これからはもう私のことをあまりかまってくれなくなるだろう、と私は思った。

シェカ・ダでの生活にすっかりなじむと、私たちは父とよく弓の練習をした。父はこのブータンの国技をことのほか愛していた。練習に使ったタチュ・ゴンパのサクナという森の空き地は、今では高い松の木が茂ってもう見えなくなっている。父は私たちの弓に弦《つる》を張り、矢の調整をした。弓はまだ背の低い私には長すぎた。矢を射る時は、普通、弓を体と平行にするのだが、私が矢を的まで飛ばそうと思ったら、弓を上に向けて構えないといけなかった。とにかく子供も大人も弓が大好きで、何かというとよく試合をした。特に新年(ハではロンバ、つまり収穫祭と呼ぶ)には、ルスカ村とタチュ・ゴンパ対抗の親善試合が毎年盛大に開かれた。

いつだったか一試合終わったあと、友人のリンチェン・ツェリンと歩いていて、彼の家の近くのチョルテン(仏塔)にさしかかった時のことだ。リンチェンの父親は何年か前に亡くなっていた。が、その時、リンチェンの父親が見慣れたゴを着、帽子をかぶってそこにいるのを、リンチェンも私もはっきり見たのだ。リンチェン・ツェリンは驚きのあまり声も出ず、そのまま家へ帰ってしまった。私の父は村人たちと一緒に、翌日の試合のために大わらわで食事作りをしていた。私はそこへ駆けていって、リンチェンのお父さんがチョルテンのそばに立っている、と言った。すると父はいきなり私の頭を二発なぐって、「そんなもの見えるはずがないだろう」と言った。日が暮れると、みんな三々五々帰っていった。父も家路につき、私は父のあとについてシェカ・ダに向かった。帰り道、父は私たちが死んだ人間を見たことが気になって、何か悪いことの前触れではないかとずっと心配していたらしい。家に着くと、父は真っ先にそのことを祖父に話した。祖父は「何も心配することはない。たいしたことじゃない。この子が見たのは死人ではなくて、死人の姿を借りた神様だ」と言

くかかった。牛を連れて行くとなると大仕事で、さらに何日もよけいにかかるだろう。それで両親は、冬、リムチュにいるあいだは八地方のサマに住む男性に牛を預け、シェカ・ダに戻ってくると、その人から牛を返してもらっていた。冬のあいだに牛が出す乳などは、すべてその人がもらう約束になっていた。

　リムチュまで牛を連れて行かなかったのは、リムチュにも牛の小さな群れを持っていたことも理由の一つだ。私はリムチュでも、いとこのワンディと一緒に、十五頭ぐらいの牛を放牧した。牛が草を食んでいるあいだ、たっぷり時間があったので、私たちはギプをして遊んだ。ギプというのは、二〇メートルぐらい先の的に投げ矢を当てる遊びだ。ギプに飽きると、大きな樫の木から垂れ下がっている太い蔓《つる》をブランコにして遊んだ。リムチュの亜熱帯の森には、いろんな種類の蔓がからんだ木がたくさん生えている。ある時、崖《がけ》の上に、丈夫な蔓のからんだ一本の木を見つけた。ワンディと私は、その蔓に板きれを取りつけてブランコにした。だがどうしても、そのブランコに乗る勇気が出ない。ワンディは用心して、最初に乗るのはいやだと言った。それで、もっと度胸のある牛追い仲間がブランコに乗り、私たちが背中を押した。ブランコは高く舞い上がり——そして崖っぷちにひっかかってしまった。命の危険にさらされた友達は、声を限りに悲鳴を上げていた。私たちは腰ひもをつなぎ合わせ、それを鉤《かぎ》の形の丈夫な木の枝に結んで長くして、命づなにして放り投げた。友達はなかなかそれがつかめなくて、何度も必死に手を伸ばした末に、ようやく先端の枝をつかむことができた。安全な場所まで引っ張り上げると、友達はかんかんに怒っていて、自分の三頭の牛を連れて別の場所へ行ってしまった。けれども、森の中で一人でいるのは退屈だったのだろう、だんだん態度をやわらげて、三日後にはまた一緒に放牧するようになった。

　ある日、リムチュの森でギプをして遊んでいると、雌牛のヤンチェンがおびえて興奮した様子でやって来た。ヤンチェンについていくと、牛飼い仲間の雄牛が狼にやられ、瀕死《ひんし》で岩場に倒れている。他の牛は、ヤンチェンが追い立てて納屋に避難させていた。岩場にはまだ狼の群れがいて、こちらに牙をむいてうなり声をあげた。それでみんなでとがった木の枝を投げつけると、一匹の狼に当たり、狼どもは退散した。群れがいなくなったあと、倒れていた雄牛の腹から、突然一匹の狼が飛び出してきた。肉をむさぼるのに夢中で、私たちに気づかなかったのだ。

祖父は、そろそろラム兄さんに三年間の隠遁修行をさせる時期だと考え、ハのジュネ・ダに瞑想の場を用意した。ジュネ・ダには、堂守の在家僧侶と、チョクレ・トゥルク・イエシエ・ンゲドゥプ[2]の弟子だった老僧が暮らしていた。そこはシェカ・ダよりももっと険しい場所で、切り立った岩肌をほとんど這《は》うようにして登っていかなければならなかった。祖父はラム兄さんに瞑想の方法と作法を教え、食事は祖母が用意した。祖父は私にも、『メトゥプ』や『チュチュ』など、いくつか経典の手ほどきをした。その三年間、私はちょくちょく祖父とラム兄さんの手伝いをした。夜が明けると、まず二人にお湯を持っていく。朝食はバター茶と麦こがし（カプチェー）とトウガラシの煮込み汁、お昼はいつも十一時で、夕食は六時だった。食事を運ぶほかにも、トルマ（バターや米粉を練って作る儀式用の供物）を作ったり、バターの灯明を取りかえたりしないといけなかった。私たちがジュネ・ダに来てから二か月後、イエシエ・ンゲドゥプの弟子だった老僧が亡くなった。老僧は、日に何度もサン・チュコルの方角に向かって五体投地*をしていたので、老僧が額や手や膝をついていた部分の木の床が、すり減ってくぼみになっていた。老僧はごく冷静に死と向き合い、人生の最後に自分の師（イエシエ・ンゲドゥプの化身であるラム兄さん）と再び会えたことを喜んでいた。ラム兄さんがジュネ・ダで葬儀を行ない、老僧は下の谷で荼毘《だび》に付された。

隠遁修行を終えると、ラム兄さんはハのサンベカとドゥルタサの村人に招かれた。この旅には、やはりイエシエ・ンゲドゥプの弟子だった元僧侶がお供をした。ラム兄さんは一週間、ドゥルタサに滞在して法要と祈《き》禱《とう》を行なった。村人から特に頼まれたのは、作物を台なしにしてしまう霰《あられ》や雹《ひょう》が降らないようにしてほしい、ということだった。ラム兄さんは村の寺の落慶《らっけい》法要もした。その後、ドゥルタサの村ではちょうどよい時期に雨が降り、豊作になったと聞いた。

ラム兄さんはドゥルタサの村と同じように、サンベカでも村人のために法要と祈禱をした。村人は信仰と感謝のしるしに、兄さんに牛の小さな群れを贈った。サンベカに向かう道は急坂で、特に夏は、道の石がごろごろ谷底に転がり落ちるので危険だった。私たちがサンベカから戻る時は、道にたくさん雪が積もっていて、一見、道幅が広くなって歩きやすそうに見えた。特に一番標高が高いテゴラ峠には、ものすごい雪が積もっていて、その雪の上に三〇センチ以上もある見慣れない足跡があった。足跡の輪郭はとてもくっきりしていて、指もかかともはっきり見分

*——五体投地は、全身を地面に投げ出して祈る、チベット仏教特有の祈り方。

けがついた。村人によれば、この辺りにはイェティ(雪男)が住んでいるが、誰も見たことがない、とのことだった。

ラム兄さんはリムチュやタロにはめったに行かなかった。シェカ・ダで暮らした八年のあいだ、シャプドゥン・ジクメ・ドルジの回忌法要のために一度タロへ行き、あとはリムチュに二度行っただけだった。それでももうタロには行かない方がいい、と忠告してくれる人たちがいたので、その冬はサムツィから歩いて一日のデンチュカで過ごすことにした。田んぼの真ん中に竹の小屋を建てると、ラム兄さんを訪ねる人がひきもきらずやって来た。

ラム兄さんはサムツィの村人から、いろいろな困りごとの相談を受けた。チョタラという、近くの村に住む裕福なバラモンは、マイラという十五歳の息子のてんかんを治してほしいと言ってきた。ラム兄さんがこの少年のために加持祈禱《かじきとう》をすると、少年は日に日に良くなり、とうとう発作はぴたりと止んでしまった。父親のチョタラはたいそう感謝し、喜んで、息子マイラの快気祝いと、マイラとワンチュク兄さんの友情固めの儀式のために、村人を集めて祝宴を張った。それからというもの、チョタラとマイラは、何かとワンチュク兄さんの力になってくれた。兄さんはその頃、デンチュカやドプチュチェンの穀物を、チベットのチョモで売る仕事を始めていて、夏のあいだトウモロコシを仕入れては何度もチベットへ売りに行き、家計を助けた。マイラとチョタラは、兄さんのために二二パティ(重さの単位。一パティは約一・六キロ)二ルピーという格安の値でトウモロコシを仕入れてくれた。二二パティのトウモロコシ袋二つで、馬一頭分の荷物になる。ワンチュク兄さんが行商を始めた時、馬は二頭だったが、翌年にはもう一頭増えた。兄さんは八、九日かけてチョモまで行って、トウモロコシを二袋一七ルピーから二〇ルピーの値で売った。シェカ・ダに戻ってくると二、三日休み、それからまたトウモロコシを仕入れにデンチュカまで行くのだった。

シェカ・ダでの日々は楽しく過ぎていった。だが、静かな暮らしは、ツェワンという男がやって来て突然かき乱された。パロ・ペンロプのツェリン・ペンジョルが寄こしたこの男は、私たち一家から貴重な品々を奪っていった。中でも銀の水差し一対と、水を供えるための銀のお碗一式は、チョクレ・トゥルク・イェシエ・ンゲドゥプの代からわが家に伝わるものだったので、祖父母と両親は大変なショックを受けていた。私たちはそれ以来、不安な気持ちで毎日を送ることになった。

不安は的中し、ツェワンはタゼーという仲間を連れてまたやって来た。

親切なパロの親類が、二人がそちらへ向かっているから、息子たちを隠した方がいい、と急いで知らせてくれた。ラム兄さんは二人がシェカ・ダの方へ登ってくるのを見ると、落ち着いて窓を開け、一番大事な家宝を入れた二つの箱を岩のくぼみに隠した。

祖母は、私たち兄弟の身に何かあってはと心配し、「早く家から出なさい」とせきたてた。二人の兄はルスカ村に行って親類の家にかくまってもらい、私は祖父クンガ・ギェルツェンの兄、タチュ・ペマの家に行くことにした。ツェワンとタゼーは、シェカ・ダにめぼしい物がなくなると、今度はタチュ・ペマの家に金目の物を奪いに来た。二人がこっちにやって来るのが見えたので、私は二階から飛び降り、ルスカ村に行って兄たちに合流した。そして日が暮れるのを待って、私たちは親類の家を出た。ルスカ村から少し離れたブズ・チョルテンの近くに来た頃には、辺りは真っ暗になっていた。その時、空から一条の光が射してきた。ラム兄さんが崖から足を踏み外しかけたまさにその瞬間に、さっと光が足元を照らしたのだ。ワンチュク兄さんも私も、いまだにその時の驚きと畏怖の念が心に焼きついている。ラム兄さんは何か超越的な存在に見守られているのだと、私はそのとき確信した。

タゼーとツェワンは、仏像から母の着物まで、金目の物は何もかも奪っていった。略奪された時、家には父も私たち三人の兄弟もいなかった。父はちょうどその時、カリンポンに行っていたからだ。タゼーとツェワンは、次々に親類の家に押しかけ、貴重品を出せと言った。親類たちは、「ペンロプがお前たちに行けと命じたのはシェカ・ダだけのはずだ」と言って断った。すると二人は、「二か月後にまた来るから、それまでに用意しておけ」と捨てぜりふを残して去っていったという。

二人がやって来て騒ぎを起こしたのは、よりにもよって最悪の時期だった。というのも、一九四〇年に祖父のクンガ・ギェルツェンが亡くなった直後のことだったからだ。私たち一家が祖父のために盛大な葬儀を行なった、というのがこの無法な仕打ちの名目だった。父とラム兄さんは、祖父のために心を尽くして立派な葬儀をした。それをパロ・ペンロプは、私たちの祖父には立派すぎる、そんな盛大な葬儀はブータンの大僧正にしか許されない、と考えたのだ。「この国には、大僧正は一人しかいないと思っていたが」と、ペンロプは言ったという。

ラム兄さんとワンチュク兄さんと私は、親類の家で二晩かくまってもらった。親類は私たちがいるあいだ、ぴりぴりして気が気ではない様子だった。それで私たちはハ・ゾンに行って、ゾンの本堂に隠れていた。食事を運んでくれたのは、父の愛人のレムだった。父は正真正銘の女たらしだったが、母はいつも父の情事を見て見ぬふりをしていた。

このとき父は、ゴンジムの用事でカリンポンに行っていたが、そろそろ戻ってくる頃だった。それでワンチュク兄さんと私は、ハに通じる峠まで父を迎えに行った。私たちは父にこれまでのことを話し、そして、近いうちにもっとひどいことをされるかもしれない、と言った。父はそれを聞いてすっかり気が動転してしまい、峠で一時間ばかり休まないといけないほどだった。シェカ・ダに住んで八年近く、また危険が迫っていた。私たち家族はブータンを出ることにした。今度はいつ帰ってこられるか、まったく分からなかった。

●サン・チュコル・ゾン。シャプドゥン・ンガワン・ナムギェルの「口」の化身の居城チョクレ・トゥルク二世シャキャ・テンジン（一七三六—一七八〇）が建立した

●右…サン・チュコル・ゾンの壁画に描かれたリン・ケサル王
●左…サン・チュコル・ゾンにある
チョクレ・トゥルク・イェシェ・シゲドゥプの軸装アプリケ仏画

●右頁…サン・チュコル・ゾンの内殿
●上…シャプドゥン・ンガワン・ナムギェルの五代目「口」の化身、チョクレ・トゥルク・イェシェ・ンゲドゥプ(一八五一—一九一七)が作った自らの小さな塑像
彼はブータンの伝統工芸の達人として知られていた
●左…シャプドゥン・ンガワン・ナムギェルの六代目「口」の化身、チョクレ・トゥルク・ジクメ・テンジン(一九一九—一九四九)の聖遺物(歯)を納めた仏塔
この二つはパロのサン・チュコル・ゾンの内殿(右頁)にまつられている

●上…パロのクンガ・チュリン。クンガ・ギュルツェンが一九〇四年に建て、自分の名を取って命名した

●左…ブータンを建国・統一した始祖シャプドゥン・ンガワン・ナムギェル（一五九四―一六五一）のブロンズ像［パロの国立美術館所蔵］

●クンガ・チュリンの壁画に描かれたグル・リンポチェ（パドマサンバヴァ）。チベット系大乗仏教では第二のブッダとされている

●右…プナカの大祭に集まったパツァプ（始祖シャプドゥンの従者の子孫）
●左…モチュ川とポチュ川、二つの川の合流点に建つプナカ・ゾン

●右…一九八六年に再建されたハ谷のシェカ・ダ
●左…シェカ・ダのチョクレ・トゥルク・ジクメ・テンジン像

●右…プナカ谷のリムチュにある
チョクレ・トゥルク・
イェシェ・ゲドゥプの冬の屋敷
●左…一九四九年に
チョクレ・トゥルク・
ジクメ・テンジンが亡くなった、
トンサ谷のタクシ・ラカン寺

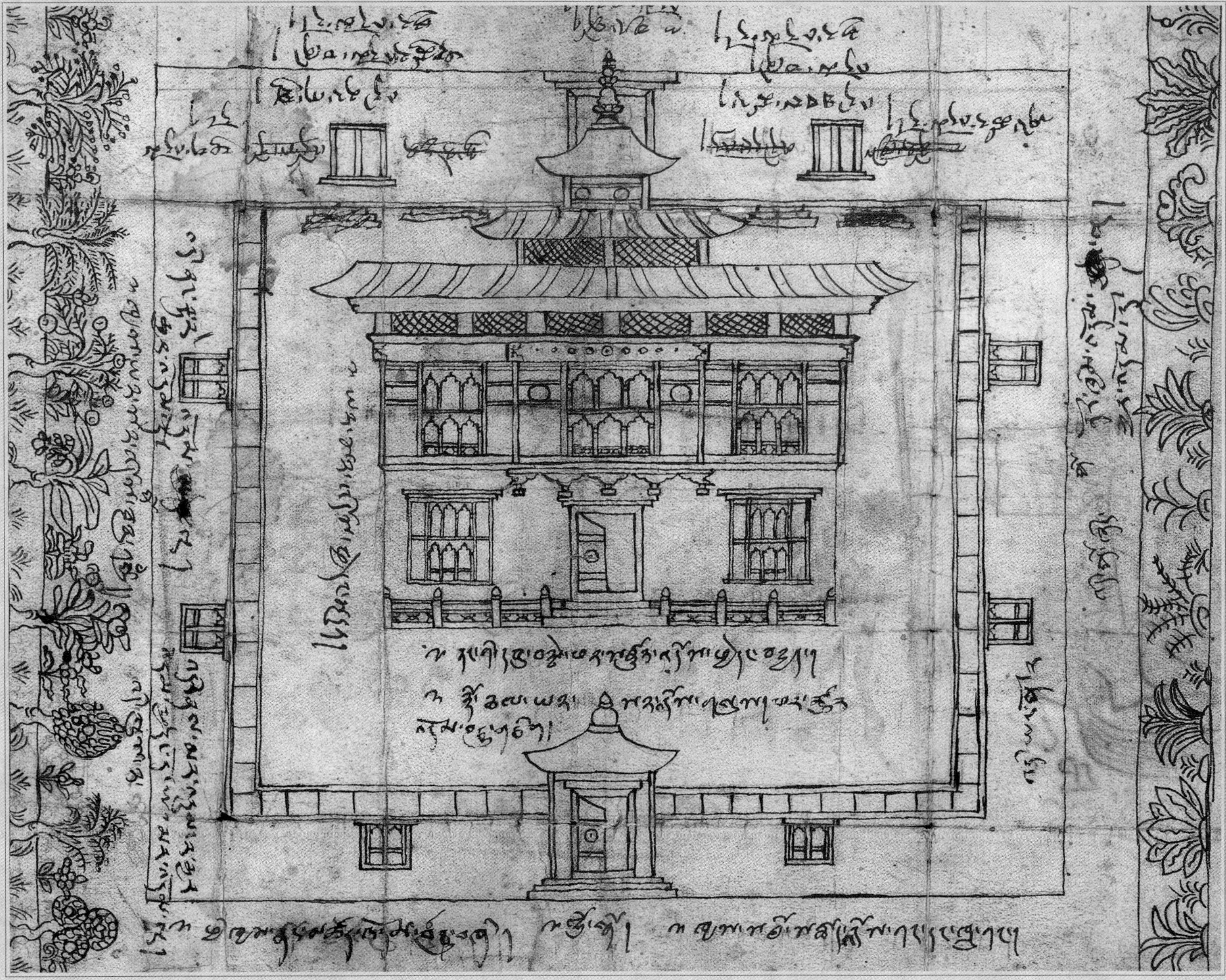

●クンガ・ギェルツェン（ツァム・ゴ・セプ）によるパロのプンツォ・ペルリの設計図
自筆のメモが書き込まれている。この家はのちにパロ・ペンロプ・ツェリン・ペンジョルに取り壊された

●プナカ谷のゾムリンタンにあるヤプ・ウギェン・ドルジの家

●一九九五年十一月にタロ・ゾンに安置された、シャプドゥン・ジクメ・ドルジの黄金の像

第7章 家長で細密工芸の達人だった祖父

父方の祖父クンガ・ギェルツェン[7]は、ガセロのノプ・ギェルツェン[5]とハのペンケム[6]の子として、ハのタチュ・ゴンパに生まれた。六人兄弟の四番目だった。パロのラゲでの三年を含め、六年半にわたる厳しい瞑想修行を終えてからは、「ツァム・ゴ・セプ」つまり「黄衣の瞑想者」と呼ばれるようになった。黄色い服が好きで、それ以外では人前に出なかったからだ。

祖父は自分こそ、グル・リンポチェの予言にある「南から来て、頭にこぶがあり、へその上に三つのあざがある僧」だと深く信じていた。実際、祖父の頭には大きなこぶがあったし、へその上には大きなあざが三つあった。

幼い頃から、祖父はよくタチュ・ゴンパで瞑想していたという。そんなある時、祖父は曽祖父ノプ・ギェルツェンが箱にしまっておいた神聖な仏教美術品を、手の届かない岩の割れ目に投げ込んでしまった。曽祖父がこの罰当たりな行為に仰天し、なぜそんなことをするのかと問いつめると、祖父はすまして、「後世の人が神聖なグルの像をふたたび見つけられるように」埋めたのだ、と答えた。あまりに深遠な答えに息子を罰することもできなかった曽祖父は、息子を僧にし、冬はプナカ、夏はティンプに本拠を置く中央僧院に入れることにしよう、と考えた。こうして、祖父は五歳で出家した。ハ出身の先達の僧が師となり、住むところや勉強の面倒を見てくれた。

祖父は大柄で、たぶん一八〇センチはあっただろう、力も強かった。ドゥギエル・ゾンの近くに来ると、よく力自慢をしていたという。ドゥギエル・ゾンのお堂に大砲があって、若者たちがふざけて持ち上げ、お堂を走って回ろうとするのだが、誰も一周できたためしがなかった。祖父はこれをがっしりした肩に担ぎ上げ、窓ぎわにあるラマの座の前を何度も行ったり来たりしたそうだ。また、ドゥギエル・ゾン近くのチョルテンの脇には丸石があって、これもよく若者たちが持ち上げては、チョルテンを回ろうと皆でわいわいやっていた。祖父はこの石も難なく持ち上げることができたという。後年、商用でパリに向かう途中、私は仲間たちとこのチョルテンに立ち寄って、くだんの石を持ち上げてみた。だが私など、地面から三センチと持ち上げられなかった。クンガ・チュリンを建てていた時も、誰も屋根裏に上げられなかったとても重い材木を、祖父は軽々と運んでのけた。

力くらべには腕相撲のようなものもあった。一人がもう一人の握りこぶしをつかんで、身動きできないようにする。お互いにこれをやって、相手の手から自分の握りこぶしをもぎ離せた方の勝ちだ。力自慢の二人の男がこの腕相撲を祖父にいどみ、両側からしっかり祖父のこぶしを握ったが、祖父はその手をあっさり振り払った。おまけにその勢いで、二人は親指を脱臼してしまったという。

祖父は誰かがひどい目にあっていると、黙っていられない性分だった。ある時（一九一〇年）祖父は、緊張と混乱のただなかのチベットの首都、ラサへ巡礼に行った。ダライ・ラマ十三世がインドに二年間亡命していた頃のことで、清朝中国の兵士がラサでしたい放題をしていた。祖父はたまたま、中国兵が行商人の売り物をけとばして乱暴しているところに行きあった。兵士はチベット人を殴り、弁髪をつかんで引き倒した。そして土の上に転がった気の毒なチベット人の胸を、軍靴で踏みつけたのだ。祖父はもうがまんできなかった。中国兵に突進し、驚いて振り返ったその顔にげんこつを食らわせた。もみ合っているうちに兵士が上着を引き裂いたので、祖父は怒ってもう三発食らわせた。すると兵士は気絶してしまった。祖父はラサのブータン大使館に逃げ込み、中国兵が自分を捜し回っているあいだ身をひそめていた。

祖父は仏教の学識が大変深く、ドゥバ・リンポチェ（ゲシェ・シェラプ・ドルジ）をはじめ多くの人々にその博識をたたえられていた。ドゥバ・リンポチェはネパールに住む学識豊かな僧で、祖父とはとても仲が良かった。二人はパロのタクツァン僧院で、チベットのカム出身の高名な僧、アツァラ・リンポチェから灌頂《かんじょう》を受けた。ドゥバ・リンポチェは祖父と問答《もんどう》をして感銘を受け、涙を浮かべてこう言ったという。「私はこの十八年間、学識を深めるために方々へ行って学んだ。その間、あなたは家の片すみにじっとしていたのに、私より深い学識を持っている。きっと前世で知識を得たに違いない」

またある時、チベットからゲシェ・ラランパ（チベット仏教ゲルク派での最高位）という僧が、チョクレ・トゥルク・イエシエ・ンゲドゥプ●[2]に会いにサン・チユコルへやって来た。ゲシェ・ラランパは、当代きっての学者と言われていて、教義問答の際には経典の表紙板を胸に、裏表紙板を背中に下げることが許されていた。これは、その人が経典そのものである、つまり、経典の内容に精通しているということを表している。ゲシェ・ラランパは、チョクレ・トゥルク・イエシエ・ンゲドゥプの前で三度拝礼して中国の錦《にしき》を一反差し出し、問答を願い出た。ところがチョクレ・トゥルクはこれに応じず、「クンガ・チュリンで瞑想している私の弟子にお会いなさい。それで分からないことがあれば私のところへおいでなさい」と言った。そこでゲシエ・ラランパは、祖父の住むクンガ・チュリンに向かった。祖父は三年間の隠遁修行中だったので、じかに顔を合わせて話すことはできなかったが、石板に質疑応答を書いてやりとりし、問答をした。ゲシエはこのチョクレ・トゥルクの弟子の博識に驚き、感服して、祖父に中国の錦を三反贈ってくれたそうだ。祖父も返礼として、ブータンの着物用の布五反を贈った。祖父はまた、ブムタンに住む尼僧で、ウギェン・ワンチュック国王のご息女、アシ・ワンモともこうした仏道上の関わりを持っていた。アシ・ワンモは祖父が亡くなるまでずっと、祖父と仏教に関することで連絡を取っておられた。アシ・ワンモから祖父に、贈り物として着物用の布九反が届いたこともあった。

祖父がもっとも信仰し、祈りを捧げたのは、長寿と富の女神ツェリンマだった。クンガ・チュリンの仏間の、自分で丹精こめて作った仏壇にツェリンマの像をまつっていた。クンガ・チュリンで隠遁修行をしていた時、祖父はツェリンマの讃歎偈《さんたんげ》を作ろうと思い立った。そのとき夢かうつつか、若く美しい婦人が現れて、目の前の座卓に一枚の銀貨を落とした。「声明《しょうみょう》を作ろうとしているのですね。ぜひ完成させてください」。婦人はそう言って消えた。この啓示を受けて、祖父は女神をたたえる長い讃歎偈を書き上げた。この讃歎偈は、プナカのノプガンで毎年行なわれる三日間の法要で、今も唱えられている。祖父はその中で、子孫の幸福と繁栄を女神に祈っている。そればかりか、子孫の中から国王が出ますように、と少々大それた欲ばりな願いごとまでしているのだ。

祖父はあちこちで、工芸家として、また仏師として熟練の腕をふるった。例をあげれば、パロ・ゾンにある巨大な仏像の頭部は祖父の手によるものだ。パロ・ゾンは一九〇五年に火事で焼け、その後すぐに再建されている。ゾンにあった仏像も、チョクレ・トゥルク・イエシエ・ンゲドゥプの指揮で元通りに作り直されることになった。有名な仏師のコタ・ルプが仏像の体を作ったが、頭部だけは何度やっても満足のいくものができない。そこでチョクレ・トゥルク・イエシエ・ンゲドゥプに助けを求めると、チョクレ・トゥルクは祖父に頭部を作り直すよう指示をした。祖父はサン・チュコルの芝生に座り、土をこねて仏像の頭部を作った。それは申し分のないすばらしい出来ばえだった。

一般には、この頭部はチョクレ・トゥルク・イエシェ・ンゲドゥプの作とされている。そしてこの時にかぎらず、多くの場合、祖父は栄誉を師に譲っていた。祖父の彫った仮面がティンプ、パロ、タシガン、トンサのゾンにあるが、これもチョクレ・トゥルク・イエシェ・ンゲドゥプが作ったことになっている。祖父は、非常に小さな像をおさめた小型の美しい仏壇を作ったこともあった。この珍しい携帯用の仏壇は、今でもクンガ・チュリンにある。またタチュ・ゴンパには、祖父がサン・チュコルで作り、輿《こし》で運び入れた見事な仏像とチョクレ・トゥルク・イエシェ・ンゲドゥプの像がある。像が大きいので階段から入れられず、二階の窓を外し、吊り上げて中に入れたという。

あるときチョクレ・トゥルクと祖父は、十二行の『メロム・ドゥゲ（祈願文）』をどちらが親指の爪に小さく書けるか、やってみたことがあった。チョクレ・トゥルクはうずまき状に書いて何とか文字をおさめたが、祖父は横にまっすぐ書いて、まだ一行半の空きが残っていた。祖父の爪がチョクレ・トゥルクより大きかったというわけではない。チョクレ・トゥルクも大柄な人だったのだから。それでも祖父は、師が書いた文字をほめたたえた。人から指示されることが嫌いな祖父が、自分の師には絶対服従だったのだ。

晩年、祖父のクンガ・ギェルツェンは二年ほど腫れ物をわずらっていたが、病気だからといって弱気になったりせず、床につくこともなかった。年齢のわりに体も心も元気だった。祖父は六十六歳で、つまり一九四〇年にこの世を去るように、とグル・リンポチェから告げられたのだという。それ以前には、自分の寿命は六十歳だと口ぐせのように言っていた。六十に近づくと、祖父はバターの灯明を千灯奉納して、妻子にこう言った。「夢にグル・リンポチェが現れて、寿命を六年延ばしてくださった」

ブータン暦の一月二十日、祖父はタチュ・ゴンパで法要を行なっていた。弟のタシ・ツェワンと二十人の僧侶をシェカ・ダに呼んだ。そして「私は今日死ぬ。特別なモンラム（祈願）を唱えてもらいたい」と言って、皆を驚かせた。祖父は新しい黄色の衣に着がえ、聖宝をおさめた箱を後ろに置き、周りに幕をめぐらしていた。仏画がすべて広げられ、その前にバターの灯明がそなえてあった。僧たちは、どうしたものかと困ってしまった。本人はもうすぐ死ぬと言っているが、どう見ても祖父はぴんぴんしていたからだ。その声明は、人が亡くなった時に唱える特別なものだったが、ともあれ僧たちは唱え始めた。読経が終わると、祖父は僧たちに向かって、「人生の終わりを迎えた者に、聞いておきたいことはないか」

と訊ねた。だが僧たちは何も問わずに帰っていった。祖父がぴんしゃんしていて、とても亡くなるようには見えなかったからだ。

祖父は家族の者を集め、もう少しこの世に留まってお前たちを見守った方がいいか、と訊いた。孫たちがまだ幼く、家族に持ち家もないことが気がかりだったのだろう。祖母は落ち着いていたが、内心の動揺を隠しきれず、涙をこぼした。それでも夫が安らかに逝《い》けるよう、「孫たちのことは心配いりません」ときっぱり言った。祖父が自分の椀から甘いサフランライスを分けてくれていた時、突然それは訪れた。祖父は大きく息を吸い、そして事切れた。私たちはすぐに部屋から出され、ラム兄さんと父が祖父の周りに幕をめぐらした。

すべてがあまりに突然で、信じられない思いだった。ついさっきまで話をしていたのに、次の瞬間には、もう亡くなっていたのだ。いくら祖父が死ぬと言っていても、まさかこんなにすぐだとは思いもしなかった。祖父が亡くなってすぐ、「おじいさんは瞑想中だから、三日間じゃまをしないように」と言われた。三日目、祖父の頭は少し傾き、鼻汁が出ていた。これは祖父が祈りを終えたというしるしだったので、葬儀の準備が進められた。

ルスカ村の近くのエプシェ・シャリに、私たちが家を建てるつもりで平らにならし、木材を乾かしていた土地があった。祖父の火葬はそこで行なわれることになり、薪がチョルテンの形に積み上げられた。この火葬用の仏塔の周りにテントが四つ張られ、経をあげる五百人の僧と尼僧が中に座った。そしてラム兄さんが導師を務めた。火葬のあとの読経の最中に、幼い妹のシェカ●35がチョルテンを指さして叫んだ。「見て！　おじいさんがドム（小さな植物の一種から作る料理）を飲んでる！」

祖母はしっかりした人だったが、ここぞという時に判断を下すのはいつも祖父だった。父は美術工芸の達人の祖父を深く尊敬し、追いつこうとしていたが、祖父ほど手先が器用ではなかった。祖父は一人息子の父を愛していたが、関心はもっぱらラム兄さんに向いていた。ラム兄さんの教育を人生最大の使命にして、偉大なラマになるよう鍛え上げたのだ。亡き師チョクレ・トゥルク・イエシエ・ンゲドゥプが、自分の孫に生まれ変わったことを、祖父はこの上ない誇りに思っていた。

要するに祖父はずっと、家族を養う責任を一身に引き受けてきたのだ。それで、父はそういう責任をまぬかれて、もっぱら弓にかまけていた。おかげで父は弓の名人になり、一日に二十五回も小さな的を射抜いたこともあった。ハとパロの対抗試合に何度も出ていたが、父に張り合えるのはただ一人、カンク・ギェム・ツェリンだけで、二人がお互い、的に刺さっている相手の矢を射抜くことも珍しくなかった。だが祖父が亡くなったいま、四十四歳の父が、家長の役目をになうことになった。

第8章 ペドン・ゴンパのラマ

祖父の葬儀が終わって間もなく、私たち一家はふたたびインドへ向かった。祖父の記憶がまだ新しいだけに、旅のあいだ、祖父のいないことが胸にこたえた。ゴンジム・ソナム・トプギェがカリンポンに戻ることになっていたので、その一日前に出発することにした。ゴンジムより一日先を歩いていれば、パロ・ペンロプが追っ手を差し向けてきても、ゴンジムがあいだに入ってくれるので安心というわけだ。私たちはできる限り先を急いだ。祖母と母とラム兄さんは馬に乗り、あとの者はみな歩いた。タチュ・ペマの息子のツェワン・ペマが、あとから馬で追いついてきた。小さな妹たちは使用人がおぶっていった。

一九三三年にチベットへ逃げた時と同じように、アンゲー・ザム（祖母ンゲドゥプ・ペムの妹）の息子のギェルツェンおじさんが、また私たちに付き添ってくれた。おじさんは妻から、今度の旅は危険だから一緒に行ってあげて、と言われたのだ。ギェルツェンおじさんは、私たち一家がつらい目にあっている時、いつも労をいとわず進んで助けてくれた。おじさんの妻は私の父と関係を持っていたが、おじさんはおおらかでさばけた人だったので、見て見ぬふりをしていた。とはいえ、二人を別れさせる機会があれば飛びついただろうから、父がインドへ行くのを歓迎していたことは間違いない。

シェカ・ダを発って十一日目に、シッキム王国の首都ガントクにあと六キロという所までたどり着いた。泊まる場所が見つからなくて困っていると、ラム兄さんが遠くの方に寺があるのを見つけた。エンチェ・ゴンパだ。寺はガントクの中心から一キロ半ほど離れた丘の上にあって、黄金の屋根が陽の光に輝いていた。それを見てラム兄さんが言った。「私がいるべき場所は寺だけです。町の中には泊まれません。あの寺に、一日二日泊めてもらえないか聞いてきてもらえますか。ブータンのチョクレ・トゥルクと家族が、亡命を強いられてガントクに来ている、できればこちらにお泊めいただけないだろうか、と言ってください」。ギェルツェンおじさんとケサンおじさんが戻ってくるのを待ちながら、祖母は心配そうな顔で、「何しろ大所帯だから、泊めてくれる所はなかなかないだろうね。お祈りするしかないよ」と両親にもらしていた。けれども戻ってきたおじさんたちの顔は明るく、いい返事がもらえたとすぐに分かった。寺の僧たちは、私たちのために本堂の離れを急いで整えてくれた。こんな親切な受け入れ先が見つかるとは、本当に運がよい。まったくラム兄さんのおかげだった。エンチェ・ゴンパの堂守はヤプラという人で、自分の寺にブータンの貴いラマを迎えることを名誉に思い、お茶と夕食を用意して温かくもてなしてくれた。ヤプラは四十半ばで、肌の浅黒い、ずんぐりした人だった。エンチェ・ゴンパの住持《じゅうじ》は、やせて背の高い博学なチベット人の老僧で、三階建ての寺の二階に住んでいた。

ブータンとシッキムは文化が似ているので、ガントクはとても居心地がよかった。宗教が一緒で、言葉も服も食べ物もとてもよく似ていた。それに何より、ヤプラは親切で温かい心の持ち主だった。少しでも私たちの家計の足しになるよう、ヤプラは父に大きなテントを注文してくれた。父はテント作りの名人だ。ケサンおじさんとワンチュク兄さんと私も手伝って、テントはあっというまにできあがった。ヤプラはその出来ばえに大満足して、テントの謝礼に米やバターや肉をどっさりくれた。

そのうちエンチェ・ゴンパの住持とヤプラは、ラム兄さんがシッキムのチュギエル・タシ・ナムギエル（一八九三—一九六三。即位一九一四）国王に拝謁する手はずを整えてくれた。それはエンチェ・ゴンパに滞在した八か月で、一番の大事件だった。ラム兄さんと一緒に、父とワンチュク兄さんと私も王宮へ行った。私たちは、見事なタンカのかかった美しい部屋に通された。部屋にある木のテーブルと椅子には彫刻がほどこされ、金が張ってあった。シッキム国王は山吹色の錦をまとい、丸眼鏡の奥からラム兄さんをじっと見つめた。ラム兄さんがエンチェ・ゴンパに滞在させてもらっていることに礼を述べると、国王は、いつまでいてもらってもかまわない、と言った。お茶と豪華な昼食がふるまわれ、国王とラム兄さんは、歴代チョクレ・トゥルクや仏教について長いこと語り合っていた。私はすっかり舞い上がってしまい、目の前にごちそうが並んでいるというのに、ほとんどのどを通らなかった。

思えばどこへ行っても、先代チョクレ・トゥルク・イエシエ・ンゲドゥプの弟子たちが、進んで私たち一家の力になってくれた。カリンポンに近いドレプチェンに住む、ツァム・ゲ・オムもその一人だ。ある時このツァム・ゲ・オムの甥のツァム・ラタが、ラム兄さんを訪ねてきて、ブータン人の集落のあるアルガラかペドンに移るよう強く勧めた。ツァム・ラタは、もともとハのカツォの出だったが、カリンポンの近くのドレプチェンに移住したのだ。大きなくるくる動く目と長いあごが特徴のツァム・ラタは信心深い在家僧侶で、カギュ派とニンマ派の両方に属していた。ドレプチェンに長年住んでいるので多くの友人知人がいて、彼らを連れてたびたびラム兄さんに会いに来た。「ペドンはブータンの村にそっくりです。とにかく一度おいでになって、実際にご覧になってください」と、ツァム・ラタは父に熱心に言った。私たちはガントクのエンチェ・ゴンパにすっかりなじんでいたのだが、父はとうとうツァム・ラタの熱意に負けてペドンに行ってみることにし、私も一緒についていった。ツァム・ラタの言葉はまったく正しかった。ペドンはブータン風の家が四十ばかり集まっていて、まるでブータンの村そのものだった。ブータンが恋しくなった私たちは、ここへ越して来たかったが、すぐには住む家が見つかりそうにない。そこでひとまず近くのアルガラの町に住み、その後、良さそうな家を見つけてペドンに落ち着いた。ペドンは海抜一五〇〇メートルで、カリンポンから二〇キロのなだらかな丘陵にあった。

アルガラの町では、ディック・サーブという人からコンクリート造りの家を借りて、一年間住んだ。アルガラにいるあいだに、父は白と亜麻《あま》色、二頭の荷馬を買った。今と違って一九四〇年代初めのカリンポンには、あまり車が走っていなかった。自家用車を持っている人はめったになく、たいていは馬を飼っていた。アルガラからカリンポンまで、普通に駆けさせれば三時間もかからない。馬屋に入れて草をやったり近くを走らせたり、私たちはそれは丁寧に馬の世話をした。ある時、カリンポンで用事を済ませた帰り道、ブータン生まれのチベット人で、家の使用人の息子だったテンジン・ノプが、乗っていた亜麻色の馬をギャロップで駆けさせた。すると馬はセメントの舗道で脚をすべらせ、テンジンは馬から落ちてしまった。人通りの多い道で馬の速駆けはいけない、自分も周りの人も危ないから、といつも言われていたので、このことは父にばれないようにしないといけなかった。私が何くわぬ顔をしているのは簡単だったが、テンジン・ノプは大変だった。足をけがしているのに、痛くもかゆくもないような顔をして、いつも通りの仕事をこなさないといけなかったからだ。

ペドンに住んでいた頃、ツァム・ラタが施主になって、ラム兄さんがアルガラで講話と説法(ティ)をすることになった。二、三週間前から準備にかかり、ワンチュク兄さんも私も、ラム兄さんと父の指示であれやこれやと忙しく働いた。アルガラの森番がブータンから移住した人で、祭壇や供物台を作るための木材を寄付してくれた。儀式のあいだ、ワンチュク兄さんと私は僧衣を着て仏壇係をつとめ、ツァム・ラタが統括役をつとめた。説法は十三日間にわたって続く。常緑の若木に囲まれた広場に座って、人々は説法に耳を傾けた。ペドンやアルガラ、カリンポンやドレプチェンから何百という人々が集まってきて、説法に参列した。

その際、仏縁上の契りを結ぶ儀式も行なわれた。僧侶も在家も関係なく、その場の全員がくじ引きで七人ずつの組になり、たまたまそのとき同じ組になった者同士が、仏縁上の兄弟姉妹の関係を結ぶのだ。こうして選ばれた者同士は、前生でも同じように仏縁があったと信じられている。いったんきずなが結ばれると、同じ組になった者は互いを兄弟姉妹とみなし、茶を酌み交わして契りを固める。

ペドンの集落の長、クツァプ（名代）・ペム・ドルジは、ラム兄さんの法話に感銘を受け、まもなくペドン・ゴンパ（僧院）の僧と一緒にアルガラへやって来て、ラム兄さんを僧院に招きたいと申し出た。二人はラム兄さんに、ペドン・ゴンパの住持になってほしい、僧院の所有する水田も差し上げる、と言った。ラム兄さんは喜んで住持になることを引き受けた。水田から米が穫《と》れれば、一家の生活の足しにもなる。ペドンの人たちはラム兄さんを尊敬し、親しみを込めてペドン・ラムと呼ぶようになった。ラム兄さんはあちこちから招かれては、家の繁栄を祈願したり、赤ん坊に名前をつけたり、病人に加持祈禱をしたり、葬儀を行なったりした。ラム兄さんはペドンの信仰の柱になった。

クツァプ・ペム・ドルジはブータン人で、十三歳からウギェン・ワンチュック初代国王に仕えていた。パサカのクツァプとダージリン地方のブータン代表を兼ねていたので、一九一一年、ジョージ王*の即位に際して、デリー・ダルバル**へ向かうウギェン・ワンチュック国王に随行した。彼はこの任務に当たって、カジ（貴族）の称号を与えられていた。ところが、デリー・ダルバルまで国王一行を護衛するため、使節団に加わっていた百人の兵士たちが、ブクサ・ドアール駅で騒ぎを起こした。機関車の轟音《ごうおん》に肝をつぶし、大混乱になって、けが人まで出たのだ。ブータンに戻ると、クツァプ・ペム・ドルジは、兵士たちに汽車の乗り方をよく説明しておかなかったことを責められ、むち打ちの刑を受けた。それで彼はブータンを逃げ出し、ペドンに住みついた。やがて十三の村をたばねる長になり、じきにペドンの隣のサチョ村に大きな屋敷を構え、何百エーカーもの土地を持つようになった。

このクツァプ・ペム・ドルジの屋敷で行なわれる年に一度の法要を、私たちは楽しみにしていた。ワンチュク兄さんと私も、僧衣を着てラム兄さんについていった。毎晩その日の法要が終わると、歌や踊りや楽しいことがいっぱいの陽気な宴会が開かれる。ワンチュク兄さんは得意のブータン舞踊を披露した。兄さんはとても踊りがうまいのだ。ペム・ドルジは金持ちの老人で、有力者だった。妻が若いのでひどく警戒して、宴会のあいだじゅう、妻を自分の目の届かないところへ行かせなかった。

そういう法要があると、大いに家計が助かった。私たちがお勤めに行っているあいだ、家での食費が浮いたからだ。招かれた先で毎晩食事が出る上に、謝礼ももらえる。法要の謝礼は、アルガラでは一日八アナ***だったが、ペドンでは一ルピーになった。裕福な家の葬儀なら、一日五ルピーもらえることもあった。法要の現金収入と、ペドン・ゴンパの水田から穫れる米を合わせて、ようやく一年を通じての収支がとんとんになる。だから法要のない時期の生活は苦しくて、一度、食べる米がなくなって、父がとうとうヤンドム（一家の宝物を入れておく長持）を開けたことがあった。ブータンの家庭では、にっちもさっちもいかなくなると、このヤンドムから金を取り出す。私はその金で米一袋を買ってきた。その米も食べてしまうと、近くの畑で取れるトウモロコシで食いつないだ。

両親はどんなに生活が苦しくても、銀の仏像だけは決して売ろうとしなかった。その代わり、母は二個のジ（猫目石）を、一個四十ルピーで売った。この大金のおかげで、何とか苦しい時期を乗りきることができたのだ。ペドンでの最初の何年かは、苦労の連続だった。ただ、ラム兄さんに裕福で熱心な檀家が増えると、生活は少し楽になった。

しかし、それだけでは生活できなかったので、木彫りの仏壇を作る仕事も引き受けた。仏壇を一基作るのに、ゆうに四か月はかかった。父がおもに大工仕事と彫刻をし、ワンチュク兄さんやケサンおじさんや私もできる限り手伝った。この仕事は苦労した分いい金になったが、あいにく当時、木彫工芸の需要はそれほど多くなかった。また父は、工芸の粋を集めた仏壇を製作するかたわら、三人の弟子に無償でその技術を教えていた。私たち一家がブータンに帰る時、父はこの三人――タシ・ドルジ、カル、ツェリンも一緒に連れていき、三人は中央僧院に入って僧侶になった。

一九四二年、末の妹のナムギェ・オムが[36]、ペドンで生まれた。そして翌年には、ワンチュク兄さんの一人娘、シェラ・オムが、妻ジェザムとのあいだに生まれた。ジェザムは八人の子持ちの未亡人で、一番上の子供は

*――イギリス国王ジョージ五世。（一八六五―一九三六。在位一九一〇―一九三六）
**――大英帝国支配下のインドで、デリーで招集された宮廷。
***――アナは、インドの旧白銅貨。一ルピーの十六分の一。

ワンチュク兄さんより二十歳も年上だった。クツァプ・ペム・ドルジの血縁で、ペドン・ゴンパの真向かいの大きな家に、子供たちと一緒に住んでいた。背が高くて気の強いたくましい女性で、ほっそりしていて繊細で温厚なワンチュク兄さんとは正反対だった。一家の立派な大黒柱だったジェザムは、ある時ワンチュク兄さんのことを気に入り、熱心に言い寄って、とうとう兄さんを婿に迎えた。とは言っても兄さんは、その後も私たちの家族として働き、ジェザムは時々、私たちの家に食べ物を届けてくれた。

上の妹シェラ・ペムはカリンポンの女学校に入学し、真ん中のシェカ・チョデンはペドンのミッション・スクールに通った。下の妹ナムギェ・オムと、ワンチュク兄さんの娘シェラ・オムも、のちにシェカの通ったミッション・スクールに入学した。ちなみに、私の異母姉に当たるツェワン・ザムの娘、ツェリン・オムも、同じ学校に通っていた。ツェワン・ザムは、アシ・シトゥ・ベダ（母のいとこ）と父とのあいだにできた子供で、一九二一年に生まれた。祖母のンゲドゥプ・ペムは、もしその子がブータン暦一月の最後の祝日に生まれたら、父の子供と認めることにしよう、と言った。ツェワン・ザムはまさにその日に生まれ、しかも父にそっくりだったので、父の子として認知されたのだった。

祖母のンゲドゥプ・ペムは、いつも朝の三時には起きて、朝食の時間までお祈りしていた。朝食は家族そろって、僧院の床に輪になって食べた。そのあと、ラム兄さんは上の階の内殿にこもって、ほとんど一日じゅう書き物をしたり書物を読んだりして過ごした。父は毎日たいてい何か大工仕事をしていた。祖母のンゲドゥプと、祖母の妹のアンゲー・ザムは、昼間はもっぱら仏塔や寺にお参りに行っていた。寺の前で何度も五体投地を繰り返したあと、境内の芝生に座ってよく楽しそうにおしゃべりしていた。二人はおたがい良い話し相手だった。ペドンでは言葉が通じなくて、他に話ができる相手がいなかったからだ。ペドンの住人はほとんどがブータン系だったが、話す言葉は住人同士でもまちまちだった。母は子供のことでてんてこまいで、暇さえあればシェカ・ダでしていたように、子供たちの服を織っていた。

ラム兄さんは、ダージリン出身の学生さんから、英語の読み書きを教わっていた。その学生さんは麻《ま》痺《ひ》症を患っていたので、ラム兄さんは毎日、加持祈禱をして治してあげた。とても頭がよいラム兄さんは、すぐに英語を話せるようになり、じきに書くこともできるようになった。妹たちはペドン僧院の前の水浴場に泳ぎにいき、私と弟のレンケもよく一緒になって、水をかけあって大はしゃぎした。母と祖母は「ハワ・ガル」（水浴場の横の小さなあずまや）の中に座って、そんな子供たちの様子に目を細めていた。

私はいつもペドン・ゴンパの二階で寝ていたのだが、ある晩、ベランダに出てみて驚いた。三週間前に亡くなったはずの近所のおばあさんが、生前、毎晩そうしていたように、僧院の前の芝生で水浴びをしていたのだ。体を流す水の音まではっきり聞こえて、私は心臓が飛び上がるほど驚いた。ベランダの手すりから身を乗り出して目を凝らすと、確かにそれは、いつものように水浴びしているあのおばあさんだった。と、その時、その姿はふっと消えた。私は昔、何度もこういう体験をしたので、夜に一人でいるのが恐くなった。

ある時ラム兄さんがひどい赤痢にかかって、すっかりやせこけて食欲もなくなってしまったことがある。兄さんはダージリンのプランターズ病院に入院し、そのあいだ私たちはグム僧院に身を寄せた。ラム兄さんが良くなってペドンに戻るまで、結局それから三か月もかかった。ツァム・ラタが親切に、家族がグム僧院に泊まれるよう手配してくれた。また、ダージリンに住んでいるシッキム人の実業家で、チュンビ・バブという人が、ラム兄さんを訪ねてきた。この人はかっぷくのいい五十がらみの紳士で、ラム兄さんのために何度も医者を寄こしてくれ、おまけに治療費までぽんと気前よく出してくれた。チュンビ・バブは、ダージリンの競馬場の上手に美しい別荘を持っていて、私たちを一週間招待してくれた。別荘の庭には色とりどりの菊やたくさんの花々が咲き乱れていた。このとき金持ちの生活をかいま見て、いろんな遊びやスポーツがあるものだなと思った。チュンビ・バブに連れられて競馬場に行くと、ゴンジム・ソナム・トプギェとクツアプ・ペム・ドルジもいて、さかんに馬に声援を送っていた。チョウラスタにも遊びに行った。チョウラスタはとてもにぎやかな大通りで、イギリス人の男の子や老婦人が馬に乗り、チベット人やシェルパ族の馬子《まご》に綱を引かれて行き交ったり、ノース・ポイント校やセント・ポールズ校やロレト修道院の生徒たちが馬でやって来て、漫画やアイスクリームを買ったりしていた。チュンビ・バブは映画館にも連れていってくれた。両親はすっかり映画が気に入って、それ以来、映画を見るのが大好きになった。

第9章 巡礼と行商の旅

一九四三年、十八歳の私、父、ラム兄さん、ワンチュク兄さんは、三十人の巡礼団に加わって、カリンポンからブッダガヤへ巡礼に行った。ガヤまで汽車で出て、そこからは馬車に乗ってブッダガヤへ向かう。ワンチュク兄さんと私はいつものように、あれやこれやと手伝わされ、奉納するバターの灯明用に土をこねていくつも器を作ったり、芯《しん》を立てたりした。けれども内心、いつ終わるともしれない器作りにうんざりして、ちょっとでいいから遊びたいと思っていた。ブッダガヤに滞在した一週間、ラム兄さんはお釈迦様が悟りを開いた聖なる菩提樹の近くで経を唱えていた。父もラム兄さんも、その場の神聖さに打たれているようだった。

そのあとラジギル、ヴァラナシ（ベナレス）、サールナートと巡礼を続けてペドンに戻ったのだが、ペドンに戻る途中、私は巡礼団の一人カンバ・ワンディを、駅から少しのあいだおぶって歩いた。彼はひどい熱を出していて、まるで背中に残り火でも背負っているようだった。三日後、カンバ・ワンディは何の病気かわからないまま亡くなり、火葬にされた。天然痘だと分かったのはそのあとのことだった。当時、天然痘で死んだ者は、伝染を防ぐため土葬にすることになっていたのだが……。一週間後、友人のシャチョが病気になり、加持祈禱を頼まれて家に行った。私たちが十人で祈禱をしていると、突然、当の病人が部屋に転がり込んできた。シャチョの顔はみにくく変わり果て、まるでカリフラワーのようになっていた。そして「助けてくれ！ 死にたくない！」と叫んだかと思うと、目の前で倒れて死んでしまった。私はぞっとした。みなシャチョの家を飛び出し、自分の家に逃げ帰ったが、誰も入れてもらえなかった。この恐ろしい疫病をうつされているかもしれないと、私たちは二十一日間も田んぼの中に隔離された。食事は家族が運んでくれたが、離れたところに置いて帰っていった。デゴをして遊ぶか、寝るしかすることはなかった。メンボ・ツナは田んぼを抜け出して家に戻り、三日後に亡くなった。十六歳の美青年だったバジャイは、隔離中に発病して亡くなった。患者をおぶって運んだ私が感染をまぬかれたのは、まったく幸運としか言いようがない。

その頃、第二次世界大戦はインドまで広がり、私たちの生活も影響を受けていた。私はワンドゥプやチャルと一緒に、商売で忙しく飛び回った。ワンドゥプはクッアプ・ペム・ドルジの義弟の、色白で背の高い若者で、私より二つ年上だった。チャルは小柄でやせた少年で、私より五つ下だった。私たちはカリンポンで武器、ククリ刀*、ナイフ、酒造り用の固形麹《こうじ》を仕入れ、シロンへ売りにいった。ところが、シリグリで汽車に乗り、パルプティを過ぎてランジャに着いた時、警備兵が荷物をあらためにやって来た。武器を寝袋に隠していたので、荷物は鉛のように重い。するとチャルが悪びれもせず前に出て、警備兵のふところに金を押し込んだ。チャルの靴底についていた人糞《じんぷん》の臭いにたじろいで、兵士は二、三歩後ろに下がった。この買収に乗ったものかどうか迷っている様子で、緊張の一瞬だったが、結局は欲望が勝利をおさめた。荷物は没収されず、私たちはシロンまで旅を続けた。

松林に囲まれたシロンは、とても魅力的な町だった。私たちは町を歩き回って行商したが、売り上げはかんばしくなく、一週間たっても商品の半分以上が売れ残っていた。戦闘が行なわれているマニプルなら倍以上の値で物が売れる、と他の行商人から聞いて、私たちはすぐさまマニプルへ向かう軍のトラックに飛び乗った。マニプルは当時の最前線で、すぐ近くに爆弾が落ちるので、そのたびに塹壕《ざんごう》に飛び込まないといけなかった。だが危険を冒したかいあって、ナイフと麹《こうじ》がぜんぶ売れた。帰り道、私はシロンで珊瑚を仕入れ、カリンポンで売った。そして珊瑚の売上げを半分はたいて、ブータン国境の町グダマ（今のサムドゥプ・ジョンカ）で、カディ（綿布）とブータンの織物を仕入れた。

仕入れた織物とカディを持って、今度はシッキムのダガ・タシ・ディンに向かった。毎年ブータン暦一月十五日の夜中の十二時に、ロポン（僧侶の敬称）・テワ・ハティの神聖なブンパ（儀式用の瓶《へい》）が開帳される祭りがあり、それに合わせて行ったのだ。ロポン・テワ・ハティは、グル・リンポチェの第一の師だった人物で、その瓶で数えきれないほどの人々を祝福したという。瓶は小さく、黒ずんでいて、焼き物なのか金属なのか分からなかった。シッキム、ブータン、チベット、インドから、大勢の仏教徒が瓶の聖水を飲もうと集まっていた。聖水は三等分されるならわしで、三分の一はシッキム王、三分の一はチベットのダライ・ラマに献上され、残りの三分の一が大きな銅の容器に移されて、普通の水をつぎ足して僧や民衆

*―ククリ刀は、ネパールのグルカ人が使う短刀。

に分けられる。シッキム王とダライ・ラマの名代が、毎年、水を受け取りに来ていた。水が瓶からあふれるのも、また注ぎ口に届かないのも縁起がよくないこととされ、水はぴったり注ぎ口まで入っていなければならなかった。

私たちは道ばたに売り物を広げ、巡礼や祭りの見物人を呼び込んだが、全部はさばけなかった。たぶん商売より祭りの方に気を取られていたからだろう。私たちも三日間の祭りを大いに楽しんだ。とはいえ私は家族の置かれた状況を第一に考えて、ほとんど金を使わなかった。自分には茶の一杯も買わず、できる限り出費をおさえて、家に帰ると売上げをぜんぶ父に渡した。それでも、祭りは見るものがたくさんあって楽しかった。毎晩日が暮れると、若い男女が列になって向かい合わせに座り、歌くらべを始める。男も女も、勝った者はその夜の相手を選ぶことができるのだ。もし相手にその気がなければ、罰金を払えば断ることもできた。シェルパ族は明け方まで飲み続け、互いにもたれ合って倒れないように体を支え、ろれつの回らない口で歌を歌っていた。誰か一人がバランスを崩すと、全員が倒れる。するとえっちらおっちら立ち上がって、また元通り列になり、歌い始めるのだった。

ダガ・タシ・ディンで商品がさばききれなかったので、私たちは売れ残った珊瑚などを皆で分け、別行動をとることにした。そこからは自分一人で行商した。人夫を二人雇って売れ残った品を持たせ、道々、牛と交換するつもりだった。ドゥルカサ、ジンドゥカ、ペドゥカと回って、品物と乳牛を物々交換していった。アモチュ河畔のテンドゥカに行くと、そこにはインド人が住んでいて、上手の丘にはブータン人が、竹とバナナの葉で作った小屋に住んでいた。川が増水して橋が流されてしまっていて、私も手に入れたばかりの牛たちも川を渡れない。その頃には、牛の数は二十五頭になっていた。

アモチュ川の岸で長いこと立ち往生しているうちに、食料が底をついてしまった。まだ当分、川を渡れそうになかったので、丘の上の小屋に食料を分けてもらいに行くと、そこの人たちはとても貧しくて、わずかばかりの豆に、草の葉やすりつぶした木の根をまぜて食べていた。私もこの森の恵みを分けてもらったが、体が食べ物を受けつけず、腹をこわしてしまった。三日後、水が引いたので、私は牛を連れて川を渡った。ようやく近くの村にたどり着いて口にしたトウモロコシのうまさといったら、今でも忘れられない。ペドンの近くまで来ると、私は米とトウガラシを買っていった。ペドンや近くの村で牛を売ればいい儲けになると思っていたが、期待していたほどの金にはならなかった。
それでも、折を見てはささやかな行商を続けた。米の刈り入れの時期には、馬にシプ（ひしゃげ米。軽食の一種）を積んでカリンポンの市場に売りに行った。シプを作るには、まず米が青いうちに刈り入れる。その米を大きな平鍋で、木じゃくしでかきまぜながら煎《い》る。そしてかりかりになる前に鍋をあけ、米を押しつぶすのだ。シプはお茶やミルクを飲む時に一緒に食べる。バターや砂糖を混ぜるともっとうまいが、私はバターミルクに入れて食べるのが好きだ。

父はつまらない行商などをする気はなく、そんな姿を人に見られるのも嫌だと思っていた。大工仕事をするのも家の中だけだった。そんな父がカリンポンへ出かける時は、晴れ着を着て白馬に乗ると決まっていた。父はたまのカリンポン行きを楽しみにしていて、いつも親戚のケサン・デムの家で一日か二日泊めてもらっていた。ケサン・デムはダヌ・ギェルツエンの娘で、温和で色白の、すらりとしてあか抜けた女性だった。とても美人で、それ以上に人に親切なことで知られていた。訪ねて来た者を空きっ腹で帰すことは決してなく、見知らぬ人でも親切にもてなした。ケサン・デムがカリンポンに来たのは、そこの学校に通う子供の世話をするためだ。夫は昔、他の女と出て行ったが、それから十二年後、操《みさお》を守り続けていた彼女のもとへ帰ってきた。長男はもと僧侶で、十二歳の時に還俗《げんぞく》し、西洋教育を受けた。この長男は、のちにブータンの大蔵大臣を長年務めた。また次男はこの三十年間、ブータン陸軍の長官を務めている。

ある時、ロンバ（収穫祭）と新年を祝って、ペドンで弓の試合をしたことがある。ペドンとサチョの組に分かれ、田んぼの溜め池の前に的を置き、試合が行なわれた。ペドン組のリーダーは父だった。祖母、その妹、私の妹たち、母は木陰に座って、にこにこしながら試合を見物し、時々気が向くとお経の一節を唱えたりしていた。ツェワン・ペムが試合の場まで昼食を持ってきてくれたので、みんなで座ってごちそうを食べた。結果はペドン組の圧勝だった。ワンチュク兄さんも弟のレンケも弓が大好きで、私たちは大いに日頃のうさを晴らし、家族みんなでお祭り気分を楽しんだ。

ペドン・ゴンパの隣の小さな家に、ゲテ（還俗した僧）・ネドゥプチュプと呼ばれる男が住んでいた。もとはプナカ谷のネドゥプチュ村の出身で、中央僧院の僧侶だったという。それがあるとき禁欲の誓いを破り、中央僧院への罰金が払えず、破門された。それでペドンへ逃げてきたのだ。ゲテ・ネドゥプチュプはペドンのシッキム人女性と結婚したが、妻は一人娘のカジムを産んで亡くなった。カジムは小柄でほっそりした色白の少女だった。私はこのカジムに夢中になり、カジムの父親がいない時はほとんど彼女の家に入りびたって、すぐに恋人同士になった。私たちが付き合っていることを知った両親はいい顔をしなかった。私はその時二十歳で、まだ精神的に親から自立していなかった。カジムには会い続けたが、両親が認めないので、きちんとした結婚はできずにいた。男の子も一人生まれたが、生まれて二十日で亡くなった。この未来のない関係は、カジムがダージリンに越していったことで自然消滅した。カジムはそこで裕福な男の後妻におさまったという。だが二人の子をもうけたあと、先妻が妖術を使って彼女を呪い殺そうとした、というもっぱらの噂だった。それが本当かどうかは知らないが、カジムが発狂したと聞いた時はショックだった。一方、弟のレンケは十八の時、ドレプチェン生まれの色白でほっそりした娘、レーゼーと結婚した。だが一年後、幼い息子が亡くなると、二人は離婚した。

　そんな頃、ラム兄さんの信者のアプ(男性の敬称)・サンギェが、村に寺を建てる敷地にと、ドレプチェンの土地を一エーカー寄進した。レーゼーの父のアプ・カドとおじのププ・ドレーも、ドレプチェンの出なので建設資金を寄進した。木材はただで手に入ったし、作業は村の人たちが手伝ってくれる。この寺の建立《こんりゅう》を私が監督することになったのだが、何しろ初めての経験で、二階建ての寺を建てるのに二年近くかかった。ドレプチェンの現場近くに住み込み、ペドンとドレプチェンはすぐ近くなので、時間があくとペドンへ戻っていた。ラム兄さんと父が仏像作りを担当し、ツェパメ(無量寿仏)、グル・リンポチェ、シャプドゥンの像をペドンで作り、ドレプチェンの寺に納めた。そして、壁画を描く前に、ラム兄さんが寺を浄めた。

　寺が完成すると、そろそろワンディ・チュリンとクンガ・ラプテンの王宮*に仕えるよう、父に言われた。一九三五年、十歳の時に形だけは王のトジプ(小姓)になっていたが、私はこの時二十二歳で、王宮に仕えるのにもう十分な年齢になっていた。

*――三代国王がティンプを首都と定める前、二代国王は、夏はブムタンのワンディ・チュリン宮殿、冬はトンサのクンガ・ラプテン宮殿で政務を行なっていた。

第10章 タロの剣

　ずいぶん前から形だけは王宮の一員になっていたが、私が実際に陛下にお仕えするようになったのは、一九四七年、ジクメ・ワンチュック二代国王がパロに来臨《らいりん》されたその折からだった。私は陛下に随行してパロからワンディ・ポダンへ行き、トンサに向かう前にそこで一泊することになった。ワンディ・ポダンでチュキ・ギェルツェンが、「タロ・ゾンにあるシャプドゥン・ジクメ・ドルジの遺品をお分けください」と陛下に願い出た。このチュキ・ギェルツェンは、一九三一年に、シャプドゥン・ジクメ・ドルジの代理としてマハトマ・ガンジーに会いに行き、シャプドゥンへの力添えを請うた例の人物だ。国王はチュキ・ギェルツェンに、「タロ・ゾンの蔵の中から、チャシ・パンケプ織り六反、タラ織り二反、ダル(絹)をいくらかと錦一反を与えよう」と気前よく仰せになった。「タロ・ゾンの蔵には剣も三十本ございます」とチュキ・ギェルツェンが申し上げると、陛下はウムテプ・ツェリン、チュキ・ギェルツェン、私の三人に、その剣をトンサまで運んでくるよう命じられた。さらに、「お前たちもタロ・ゾンの蔵で好きな剣とゴを選ぶがよい。チュキ・ギェルツェンには剣一本とゴ二枚、ウギェン・ドルジには剣一本とゴ一枚、ウムテプ・ツェリンにはゴ一枚を与える」と言われた。そして陛下はクンガ・ラプテン宮殿に向かわれ、私たち三人はシャプドゥンの剣を取りにタロへ向かった。

　あの一九三一年の一件(第3章33―34頁参照)のあと、チュキ・ギェルツェンが王宮を追われなかったのは驚きとしかいいようがない。陛下は一度厳しく叱責されただけでその罪を許し、すべてを水に流された。だが、チュキ・ギェルツェンと一緒にマハトマ・ガンジーと会見したほかの二人は、そんなことでは済まなかった。どちらも厳しい尋問の末に処刑されたのだ。

　ちょっと変わったところのあるチュキ・ギェルツェンは、陛下のご厚情にひどく興奮して、道々ずっと私たちをせき立てるので、タロへはずいぶん早く着いた。チュキ・ギェルツェンはさっそく自分の剣を選び、私の剣も一緒に選んでくれた。それから私は自分で青いゴを選んだ。チュキ・ギェルツェンはタロ・ゾンの蔵からチャシ・パンケプ織り六反を取り出し、ひとまずタロの自宅に運び込んだ。

次の日、私たちはタロを出て、はるか遠いトンサに向かった。剣は布で巻いて、二人の人夫が背負って運んだ。その旅は最初から最後まで災難つづきだったが、あとで考えてみると、あれは人間の力を超えた存在からの警告であり妨害だったのだろう。シャプドゥンの物を持ち出した私たちは、タロの神々の激しい怒りを買ったのだ。

私たちは昼過ぎにワンディ・ポダンに着き、ゾンの馬丁長の家に泊めてもらった。夜の宴会の最中に、一人の馬丁が飛び込んできて、馬が急におかしくなった、と馬丁長に言った。その馬は国王の愛馬だったが、手がつけられないほど興奮して、馬小屋の壁を駆け上がろうとしていた。後ろ脚で立ち、前脚を激しく壁に打ちつけて、狂ったようにいなないていたが、やがてばったり倒れて死んでしまった。こういう災いごとは、客が悪運を持ち込んだせいだと言われることもあったので、私たちはうろたえてしまって、翌朝早くにワンディ・ポダンを発った。その夜はシャのサムテガンの民家に泊まったのだが、その家の大切な雄牛がまったく同じようにおかしくなって死んでしまったのには、本当に驚いた。あとで思えば、そこでもう宿を借りるのをやめにしておけばよかったのだ。そうすれば、そのあと行く先々で起きた災いを避けることもできたろう。だがその時は、災いがこの先ずっと続くとは夢にも思わなかった。

旅の三日目、リダの民家でお茶を飲んでいると、その家のご婦人が二階のベランダから落ちて、背骨を折った。また、チェンデプジに着くと雄牛が死んだ。ここまで災難が重なると、もうとても偶然とは思えなくなった。私たちはとまどい、不安にさいなまれながら、シャプドゥンの剣を持って旅を続けた。タシディンで一晩過ごし、午後にクンガ・ラプテン宮殿に到着すると、すぐに陛下にタロの剣をお見せした。「これは見事な剣だ。ラムはさぞかし熱心に集めておられたのだろう」と陛下は言われた。ご自身も剣の収集家で目利きであられたので、陛下はタロの剣を、ご自身の膨大な古刀のコレクションに加えるおつもりだった。宮殿に着いたとたんに家畜がおかしくなるなどということもなく、私たちは大いにほっとして、その夜は飲めや歌えのどんちゃん騒ぎをしたのだった。

けれども、陛下はじきにほとんどの剣を臣下に与え、手放してしまわれた。たまたま陛下にご挨拶にうかがって剣を一振りたまわったワンゾプ・タゼーは、そんな貴重な品を頂戴《ちょうだい》したことにひどく感激した――そのあと、とんでもないことが待ち受けていようとは思いもよらず。カリンポンに着いたワンゾプ・タゼーは、剣を頭上の壁にかけて床に入った。そしてうとうとしかけた頃、青いゴを着てつば広帽をかぶった大男が立ち現れ、恐ろしい顔で彼を見下ろして、とどろくような声で言ったのだ。「私の剣を返せ!」と。まさにその翌日、ブムタンから国王の使者がやって来て、王宮に剣を返すように、と命じられた。国王から剣をたまわった者がみな同じような恐ろしい目にあったので、結局その後、剣はすべて召し上げられ、タロ・ゾンの蔵に戻された。ただ、従兄弟《いとこ》おじのチュキ・ギェルツェンと私だけは剣を返さずにすんだ。二人ともシャプドゥンの縁者なので大目に見てもらえたのか、そんな恐ろしい夢は見なかったのだ。

剣がタロからクンガ・ラプテン宮殿に運ばれて一週間たった頃、ルクプジ・ドルジ・ギェルツェンが弓の試合で踊りをおどっていた。三十過ぎの、歌も踊りも弓もうまい男だった。その彼が「ゴンパ　セレー　ドゥビ　ペンヨ　ツォ、ニマ　シャルゲ　チュクソ　メジエンガ(セレー・ドゥプ寺院の主従たち、陽の昇る東へ、いざ行かん)」と歌っていた時、突然ばったり倒れて死んでしまった。馬から始まった一連の死は、私の同僚の死で終わった。何とも不気味で、恐ろしいできごとだった。

王宮に仕えていた一九四七年頃、半年ほどのあいだ、チュキ・ギェルツエンと一緒にクンガ・ラプテン宮殿のそばの竹の小屋に住んでいたことがある。その間に、私はおじに奇行癖があることを知った。ある時、おじが勝手に私のゴを持ち出して、子豚と交換してきたことがある。おじは子豚をほふって大きな鍋に放り込み、ばかでかいバターのかたまりと塩とトウガラシを入れて木じゃくしで猛然とかき回し、どろどろになるまで煮込んだ。それから友人を集めて大盤振る舞いし、子豚一匹を一晩で平らげてしまった。たった一晩でそんなに食べてしまったら、次の日から肉抜きの食事になることなど、まるでむとんちゃくだった。また、おじは大の酒好きで、金はすべて酒代につぎ込んでいた。ある時、チベット人の女の人が、つけになっていた酒代を取りに来た。おじは文無しだったのでしゃくに障り、女の人をしたたかぶん殴るというまったく理不尽な暴挙に出た。女の人は悲鳴を上げ、王様に訴えてやる、とわめきながら逃げていった。おじはさすがにまずいことになったと思い、あわてて人から金を借りて女の人に返しに行き、借りた金額に少し上乗せして何とかことをおさめた。

仕事のことでは、ガセロのナプ・サンギェにとても世話になった。ナプ・サンギェは国王の気に入りのカドゥプ(直訳すれば「命令に従う者」。腹心の意)だった。カドゥプというのは、実のところ国王のただの話し相手なのだが、ナプ・サンギェは毎日、陛下をおしゃべりで楽しませた。けれどもよく気をつけて、誰かを中傷するようなことは決して言わなかった。カドゥプの中には、それほど分別がなく、従僕や家来のことをぺらぺら話しては人を困った立場に追いやる者もあったのだ。ナプ・サンギェは国王一家の食事のお相伴《しょうばん》にあずかることがよくあり、そんな時はわざわざ自分の分を私に残して持ってきてくれた。ある時ナプ・サンギェは、いずれ娘を紹介するから結婚しないか、と私に言った。彼の娘はワンディ・ポダンのガセロにいて、一度も会ったことはなかったが、気軽な調子で言われたので私も気軽に承知した。するとしばらくして、やはり王宮に仕えるティンレという友人が、ナプ・サンギェとの話をこれ以上進めるな、身を固めたいなら、自分の親類にいい娘がいるから紹介する、と言ってきた。私の許嫁《いいなずけ》にされたことを、この二人の娘さんが果たして知っていたかどうか、怪しいものだ。ちなみにティンレは、ほんのり赤い色白の肌をしていたので、陛下からチリプ(外国人)と呼ばれていた。

結局、どちらの話もうやむやのまま、私の王宮づとめは突然終わることになった。陛下がご病気になられたためだ。一九四八年、チュキ・ギェルツェンと私は、しばらく王宮に出仕しなくてもよいと言われた。それで私はペドンに戻ることにしたのだ。王宮を出て、家の使用人で従僕のジョヲ・プンツォと一緒に、シェムガン、ゲレフと、南の地方を歩いて旅をした。足元は悪いし、むっとするような暑さだった。私は王宮に仕える人間だということを示すために、首にカムニ(白いスカーフ)を巻き、背中に剣をしょっていた。途中、ベテー橋の手前で、虎の足跡を見つけた。「この辺に大きな動物がいるみたいだ」と私は言った。ゾンカ語で「大きな動物」と言ったら虎のことだ。ジョヲ・プンツォは、今にも虎と鉢合わせするのではという不安を振り払うように、「いえいえ、そんなことあるもんですか」と答えたが、果たして橋を渡ってまもなく、道の真ん中で二匹の子を連れた雌虎に出くわした。雌虎は私たちに気づくと、ぴたりとこちらを見すえた。その時、子虎が身を起こし、向こうの茂みへ飛び込んだ。すると雌虎は私たちに飛びかかるのをやめ、子供のあとを追っていった。あの時は心底ほっとした。このできごとにすっかり気が動転して、私はそのあと最初に通りかかった民家に駆け込んだ。初め、家の主人はゾンカ語を話せないふりをした。見ず知らずの、しかも王宮の人間らしい私たちを、ひどく警戒していたのだ。父親は用心して、八人の子供を積み藁《わら》の中に隠していた。私たちに害意がないことが分かると、頭に藁《わら》をくっつけた子供たちが這《は》い出してきたが、どの子も寸足らずのみすぼらしい服を着ている。私はこの貧しい一家をとても気の毒に思い、なけなしの一ルピーを置いていった。

ペドンに着くと、ちょうど家族が祖母ンゲドゥプ・ペム[8]の遺灰を川に流して帰ってくるところだった。祖母は九日前に亡くなっていたのだ。私は悲しみに打ちのめされた。祖母の最期を看取ることも、荼毘《だび》の煙を見送ることもできず、無念でならなかった。孫のことをとてもかわいがってくれた祖母が、私は大好きだった。祖母は私のことをいつも「パピ・ドン」、つまり「豚の顔」と呼んでいた。これは悪口ではなくて、昔は愛情を込めて子供のことをそんなふうに呼んでいたのだ。祖母は孫たちを愛し、孫たちの幸せをいつも気にかけていた。「おばあちゃんはお前たちみんなのために祈っているよ」とよく言っていて、その言葉通り、祖母は私たちの成功を願ってお祈りしていた。その祖母がもういないなんて、とても信じられなかった。あまりに突然でショックが大きく、私は悲しみに押しつぶされそうだった。ラム兄さん(チョクレ・トゥルク・ジクメ・テンジン)が、ブータンの前《さき》の精神的支配者の姪という高い身分にふさわしい、盛大な葬儀を執り行なった。死のまぎわの祖母は落ち着いていて穏やかで、祖父が亡くなる時に約束した通り、きっと迎えに来てくれると信じていたという。祖母はもう声が出なくなっていたが、身振りで、頭にこぶがある人が迎えに来てくれた、と伝えた。祖母の妹のザムをはじめ、あとに残された人々は、このことでとても救われた気持ちになった。祖母のもう一人の兄弟、弟のナムギェは、この時パロの家族のところにいた。

祖母のンゲドゥプ・ペムが亡くなったのは一九四八年のことだが、その二年前の一九四六年に、母方の祖母のアビ・ユム・ヤンチェン・ドルマ[17]もタロで亡くなっていた。母は長いこと悲しみに沈んでいて、そんな母を見るのはとてもつらかった。母はアビ・ユムのことを思い、いつも月を見上げては「母さんも私と同じ月を見ているのよね」と言っていた。アビ・ユムは、先々代シャプドゥンの母の葬儀が行なわれたのと同じ、タロ・ゾンの前の芝地で荼毘に付された。私たちがそれを知ったのは、祖母が亡くなって何週間もあとのことだった。ラム兄さんはすぐに、あらためてアビ・ユムの葬儀を執り行なった。母はずっとあとになって、アビ・ユムが死のまぎわ、信頼していたエンチュという人物に「娘に渡して」と宝石を託していたことを知った。だがエンチュもまもなく亡くなった。宝石はエンチュの親類の手に渡り、その後、タロに住むアビ・ユムの別の親類の手に渡った。母がアビ・ユムからの最後の贈り物を受け取ることはついになかった。

第11章 「宝の丘」の歌声

一九四七年春、私はリムチュにある先祖伝来の財産の件で話し合いをするため、タロに二週間滞在し、チュキ・ギェルツェンの家に泊めてもらった。その頃、タロはちょうど年に一度の祭りの真っ最中で、私も人々に交じって祭りを見物した。この祭りの時にはみんな盛装するのがならわしだったので、私も晴れ着を着て、さらに、村人の目にはさぞかし奇異に映っただろう機械――カメラを肩から下げていた。私はこのカメラがたいそう自慢だったが、皆はカメラを見ると感心しながらもとまどっていた。タロの人たちはそれまでカメラを見たことがなかったらしく、この奇妙な機械が何に使うものなのか分からなかったようだ。カリンポンで現像するのは高くつくので、写真を撮るのはひかえめにしなければならないのに、私はついついふところ具合も考えずにシャッターを切ってばかりいた。心惹かれるような魅力的な女の子が多くて、その姿を焼きつけておきたくなったからだ。タロ・ゾンの裏の広場で祭りを見物している最中も、いつもカメラを手元に置いて、仮面舞踏より女の子を撮るのに夢中だった。

女の子の姿を目で追っていると、一人の色白の少女が目に入った。しみひとつない肌で、ホタ・ジャロ(チベットの絞り染めの織物)のキラに濃紺のテゴ(女性の羽織)をまとっていた。大きな桃色の珊瑚の首飾りを身につけ、そのきらめきは、満開の時期を迎える前のシャクナゲの、淡い色のつぼみのようだった。私は引き寄せられるように、少女とその友達の方へ歩いていった。カメラを向けて「写真を撮らせてもらえませんか」と頼むと、少女の母親はとまどったように娘と夫の方に目をやったが、やがて険しい顔でこちらを見た。断られそうな気配を察して、私は急いで一枚撮り、カリンポンで現像した。

その二年後の一九四九年、また用事があってタロへ行った。ある祭日、バターの灯明を奉納しに、タロ・ゾンの上手の丘にあるパン・カルポ僧院へ行ったところ、あの時の少女も灯明を奉納しにそこへ来ていた。こうして、私たちはまったくの偶然から再会を果たしたのだ。少女は初めて会った時よりも、いっそう魅力的になっていた。

私は少女のことが知りたくてたまらなくなり、人に尋ねてみた。彼女は、タロから歩いて三十分ほどのノプガン村の、アム・ウゲー・デム[20]の一人娘で、年は私より六つ下の十八歳、名前はトゥジ[31]といった。トゥジはその魅力的な外見にふさわしい、美しい声の持ち主で、歌がうまいというので有名だという。それを聞いて、私はますます興味をひかれた。自分はからきし歌えないが、歌を聞くのは大好きだったからだ。私はトゥジにすっかり夢中になり、彼女の方もだんだん打ち解けてきた。私はまもなく、トゥジこそ理想の妻だ、生涯の伴侶はこの人しかいないと確信するようになった。トゥジに会いたくてたまらず、タロにいるあいだ、ひまさえあればノプガン村まで歩いていった。「あの娘《こ》を口説くなら気をつけろ。母親というのが気は強いし、頑固で一筋縄ではいかない女だって有名だから」と友人に言われた。だが母親がどういう人だろうが、私はかまわずトゥジに会いに行った。タロにいるあいだ、ほとんど毎日ノプガンへ歩いて通ったのだ。

　ノプガン村を興したのは、ブータンの大僧正の中でも大変有名な、九代ジェ・ケンポのシャキャ・リンチェン（一七一〇―一七五九）だ。シャキャ・リンチェンは、ノプガンの山の上にある現在のジャチュン・カルモ尼僧院で瞑想していた時、当時は密林だったノプガンに、澄みきった夜空の星のように輝くものを見つけた。それで、一人の僧を調べにやった。僧はそこに光り輝く石を見つけて驚き、すぐに師のもとへ持ち帰った。この宝石（ノプ）にちなんで、シャキャ・リンチェンはこの土地をノプガン（宝の丘）と名づけたのだ。のちにシャキャ・リンチェンは、ノプガンに寺を建て、輝く石を納めた仏像をまつった。また師は、ノプガンにペルリ・ドルジ・デンという別称もつけた。ドルジ・デンとは、ゾンカ語でインドのブッダガヤを意味する。その頃はブッダガヤに巡礼に行けない人がほとんどだったので、ノプガンをブータンのブッダガヤと定めたのだ。同じ理由から、師はタロの下手にダリダ僧院も建立した。ダリダとは、古代インドの有名な仏教大学ナーランダがなまった呼び方だ。またシャキャ・リンチェンは、ティンプのパジョ・ディン寺も創建している。その後、十代ジェ・ケンポ、パンチェン・テンジン・チュゲル（一七〇一―一七六七）が、ノプガンに二つ目の寺ジンチュ・ゴモを建てた。

　ツクラカンと呼ばれる本堂を地域の中心とするノプガンは、村全体がさながら戒律にしばられた一つの僧院（ゴンパ）のようなものだったという。十九世紀、トゥジの曽祖母の頃には、女性が僧院の近くで寝泊まりすることは許されず、僧院を訪れた女性は村はずれのツアザ・パンチュに泊まった。またお産の時にも、僧院をけがさないようツアザ・パンチュに行くことになっていた。家畜は村はずれの囲いに入れられ、村の中心部で機織りをするのも禁じられていた。強い権力をもつ中央僧院の任命したクドゥンと呼ばれる高位の僧が、こうした慣習や戒律に人々を従わせていた。例えば女性はテゴ（羽織）なしで人前に出てはいけなかったし、僧はいつも袈裟《けさ》をつけていなければならなかった。だが、僧よりむしろ村人をしばっていたこうした戒律は次第にゆるくなり、一九三〇年代後半にはほとんどすたれたという。

一九五七年、ノプガン一帯の村々に天然痘が流行したことがある。他の村では大勢が亡くなったが、ノプガン村で亡くなったのはアム・タシ・ベダの幼い娘一人だけだった。その時、ノプガンの寺の仏像に不思議なことが起こった。仏像の顔や体の金めっきが、まるで天然痘にかかったようにはがれ落ちたのだ。ノプガンの村人は、天然痘にかかった者の苦しみを仏さまが引き受けてくださったのだ、もう死人が出ることはあるまい、と信じた。この仏像は、のちに修理されて金を塗り直されたが、天然痘の痕《あと》は今でも残っている。仏さまの穏やかな顔には小さな斑点が一つあって、少しずつ場所を変えながら現在に至っているのだ。どれだけめっきを重ねてもこの斑点は消えず、何年か前に頬にあった斑点は、今は上唇の方へ移っている。

初めてノプガン村へ行った時のことは、何十年もたった今でも昨日のことのように思い出せる。村に入ると、白いテゴをはおったトゥジが木の水樋《みずどい》のわきを歩いていた。当時、木の柱で支えた水樋が村じゅうを通っていた。トゥジは、つぶしてトルマにする米を入れた小さな袋を運んでいた。おじが三週間前に亡くなったので、その葬儀用のトルマを作るところだったのだ。私は「どこへ行くの？」と、道で知り合いに会った時の決まり文句を言った。トゥジははにかんで微笑み、その美しさに私の恋心はいよいよかきたてられた。

次の日、私はノプガンのアム・タシ・ベダのところへ行き、私のことは内緒でトゥジを家に呼んでもらうよう頼んだ。トゥジの母親の目を逃れるためだ。アム・タシ・ベダの家は少し引っ込んだ場所にあって、トゥジの家の窓からは見えない。三十代半ばだった陽気なアム・タシ・ベダは、私のキューピッド役を喜んで引き受けてくれた。「たまたま立ち寄った」アム・タシ・ベダの家で、トゥジの姿を見た時には、最高に幸せな気持ちだった。トゥジとアム・タシ・ベダが歌ってくれた「スンキ　クジュ　ニョンモ（美しい声の若いカッコー）」の歌は、ブータンのみずみずしい春を告げるカッコーの鳴き声のように心地よかった。もっとも私はトゥジの声に聞きほれるあまり、一緒に歌っているアム・タシ・ベダの声の方はまるで耳に入らなかったのだが。それ以来、この歌は二人の愛の思い出につながるかけがえのない歌になった。

私はトゥジの隣に座り、質問ぜめにしながら、そのあいまに自分のことも話せるだけ話した。私たちは話に夢中になり、時のたつのを忘れた。だが、過保護な母親のアム・ウゲー・デムは、娘が出かけてからどれぐらいたったかしっかり覚えていて、トゥジを探しにやって来た。向こうの方から「トゥジ・ザム、いるの？」と呼ぶ声が聞こえたので、私はあわてて家の隣のキンマの茂みに飛び込み、隠れた。私がトゥジに好意を寄せていることを誰かに聞いたのだろう、家に向かいながら母親が娘に言っているのが聞こえた。「あの男と会っていたのでなければいいけど、もし会ったら……」

しかし私たちは、母親が思いもよらぬほどよく会っていた。私は吸い寄せられるようにノプガンに通い続けた。ある時ノプガンを訪ねると、トゥジは弓の試合で、他の少女に交じって踊っていた。その声は美しく澄みわたり、他の少女たちの声をかき消すほどだった。彼女はブータン人の言う、「森と草原を越えて響きわたるカッコーの声」の持ち主だった。その頃の私にとって、トゥジの人柄とその声にまさる喜びはなかった。トゥジは私の運命の相手だったのだ。

アム・ウゲー・デムの家は高台にあり、アム・タシ・ベダの家を除いて、村じゅうを一望できた。この家はかつて、ブータンの三十五代・三十八代大僧正を務めた、ジェ・シャキャ・ギェルツェン(一八一三—？)のものだった。大僧正が亡くなると、四十九代デシ(摂政)のキツァプ・ドルジ・ナムギエル(？—一八七九)が家を譲り受けた。大僧正の弟子で、親しい間柄だったからだ。そして一八七〇年代後半になって、アム・ウゲー・デムの母方の曽祖父サムドゥプが、キツァプ・ドルジ・ナムギェルの委託商(ペンドゥプ)からこの家を銀貨四百枚で買い取った。美しい造りの家だった。正門を入ると壁に囲まれた庭があり、奥が小高い中庭になっていて、その中庭の奥に二階建ての大きな家があった。一階には広い台所と穀物庫があり、台所は居間を兼ねていて、アム・ウゲー・デム、夫のサムドゥプ・ノプ[21]、トゥジ、その兄は、家の中ではたいていこの部屋にいた。村の普通の家と違ってあか抜けた造りなので、一階に家畜小屋がない。二階には部屋が五つあり、一番立派な部屋が仏間だった。

アム・ウゲー・デムはすらりとした美人で、娘のトゥジ・ザムが一歳の時、同じ村の控えめで働き者の男サムドゥプ・ノプと再婚した。トゥジの実父でンガツァン・コチェ[19]の子孫のドゥバ[22]は、娘が生まれてまもなくカトマンドゥへ行き、おじのゲシェ・シェラプ・ドルジとともに修行生活に入ってしまったからだ。そういうわけで、トゥジを育てたのはサムドゥプ・ノプで、実の父親のように愛情を注いでいた。アム・ウゲー・デムは、プナカの女には珍しく機織りが得意だった。この機織りの腕は、ブムタンの貴族ブリ・チュジェ[18]に連なる曽祖母、ソナム・オムから受け継いだもので、アム・ウゲー・デムは見事な布を織って家計を支えた。彼女は家で流れるような手さばきで機を織り、夫のサムドゥプ・ノプはノプガンとプナカで畑仕事をした。トゥジの六つ年上の異父兄は僧になっていた。トゥジは一人娘だったので少々甘やかされて育ったが、だんだん義父や母を手伝ってトウガラシの種をまいたり、野菜畑の世話をするようになった。気が向けば食事の用意もした。トゥジの家では乳牛を飼っていて、家族用の乳製品はそれで十分まかなえた。その上、特に刈り入れの前などには、余った穀物を近くの村の人たちに貸し付けていた。一家は自給自足で十分やっていけたし、アム・ウゲー・デムは自立心の旺盛な女性だった。

　アム・ウゲー・デムは長いあいだ、薄情で思いやりのない男しか知らなかった。気まぐれで家を出て行った父親といい、自分を捨てた最初と二番目の夫といい、彼女が男性不信になったのも無理はない。アム・ウゲー・デムの父ペンデーは、パメサのデシ（摂政）・パム・サンギェ・ドルジ（一八三九—一九〇三）の甥で、デシ・パム・サンギェは、テルトェン（埋蔵法典発掘僧）・シエラプ・メンバルの直系の子孫だ。そんないい家柄に生まれながら、ペンデーは妻と三人の幼い子供を置いて出て行ってしまった。アム・ウゲー・デムの母親は再婚せず、三十六歳で独身の誓いを立てたという。そしてアム・ウゲー・デムも、母と同じ運命をたどることになった。最初の夫は息子が生まれてすぐに出て行き、二番目の夫もトゥジ・ザムがまだ幼いうちに外国へ行ってしまった。アム・ウゲー・デムとその母ナムギェ・ラムは、体が麻痺して寝たきりのトゥジの曽祖母を、一九三九年に亡くなるまで十七年も介護し続けたそうだ。事実上、アム・ウゲー・デムが一家の家長、そして大黒柱として、村の男たちの誰も及ばない気丈さと処世術で、家族を支え続けた。サムドゥプ・ノプと出会って、ようやく信頼と愛に値する男と結ばれた彼女が、娘にだけは自分のようなつらい目にあわせたくないと思うのも当然のことだった。

　私がタロとノプガンで地に足のつかない二週間を過ごしたあと、家族が一度ペドンからブータンへ来ることになった。私は途中まで迎えに行くことにし、落ちあう日時を決めるため、ペドンのワンチュク兄さんと電信で連絡を取り合った。最寄りの電信局はヤトゥンで、歩いて五日かかった。私はヤトゥンまで行き、ワンチュク兄さんもペドンから四時間のサンダバの電信局に出向いた。私は、「家族全員が住める家をノプガンで見つけたよ」と喜び勇んでワンチュク兄さんに伝えた。家主のゲテ・シャベは、訴訟のために王宮に来ていた人で、「パロに越したから、空いた家を一年間使ってもいい」と言ってくれたのだ。トンサのエンド・チョリンまで迎えに行く、と兄さんに伝えると、私は数日後に祭りをひかえたプナカまで、ほとんど駆け通しで戻った。山や谷をいくつも越えて急いだのは、もちろん、祭りを見るためではない。トゥジとデートの約束をしていたからだ。一人旅は危ないからやめた方がいい、特にブータン・チベット国境のチャルタン近くにあるランマプの洞窟のあたりは盗賊が出るから、と周りからは反対されたのだが。ランマプまで来ると、洞窟の一つから煙が立ちのぼっているのが見えたが、おかまいなしに進んだ。チュキ・ギェルツェンからピストルを借りていたので、少しばかり気が大きくなっていたのだ。しかし、みんなが警告したとおりだった。病気のふりをした男が、道をふさぐように横たわっていた。他にも何人かいたが、「病人」の世話をするどころか、手に手に石を持って身構え、いっせいに投げつけてきた。幸い、石は一つも当たらなかった。私はゴの隠しからピストルを出し、立て続けに二発、宙に向けて撃った。相手が銃声にひるんだすきに、私は後ろも見ずに全速力で逃げ出した。賊に弾が当たったかどうかは分からない。

パロに着くと、ナムギェガンの親戚の家で一泊した。三日の距離を一日で来たと言うと、「無理のしすぎで倒れていたかもしれない。二度とそんな無茶をしてはだめだ」と言われた。その翌日も旅を続け、その日のうちにはプナカに着きたかったのだが、足にまめができたせいでぐっと足取りが重くなり、日が暮れる前にジンチェまで来るのがやっとだった。ジンチェでぐっすり眠って疲れを取り、待ちに待ったプナカでのデートの日を迎えた。風呂に入り、少しあらたまった服に着替えて、ノプガンからやって来るトゥジとその友達との約束の時間に間に合うよう、プナカに向かった。トゥジは中国の青い錦のテゴとクシュ・タラ織りのキラで着飾っていて、頬を染めたその美しい顔を見た瞬間、疲れはいっぺんに吹き飛んでしまった。

私はトゥジのあとについて有名な片持ち梁《ぱり》橋を渡り、人込みをかき分けて、きらびやかな中世の戦士の行列を見に行った。この行列は、十七世紀のチベット軍との戦いを記念したものだ。トゥジと二人の友達は、続々と人がつめかける中でオレンジの木の下に場所を取り、座って行列を見物した。友達の前ではトゥジが恥ずかしがるので、私は少し離れて座っていた。栗色の軍装束《いくさしょうぞく》に身を包んだ中世の戦士たちは、行進しながらときの声を上げて足を踏み鳴らし、きらめく剣で打ち合った。そのあとに、儀式用の僧衣と僧帽を身につけた僧の一団が続き、ロム(シンバル)やドゥンチェン(長い金管のホルン)、ラッパ、ジャリン(儀式用チャルメラ)などの祭礼用の楽器を演奏した。行列は絹に包んだオレンジを川岸まで運び、うやうやしく川に投げ込んだ。これはその昔、チェレガンに陣取ったチベット侵攻軍の目の前で行なわれた儀式を再現したものだという。チベット軍はその儀式を見て、今もプナカ・ゾンにまつられている聖遺物、ランジュン・カルサパニ(第2章23頁参照)が、川に投げ込まれてしまったと思い込んだ。シャプドゥン・ンガワン・ナムギェルが、チベットのラルンからブータンへランジュン・カルサパニを持ち去ったので、チベット軍はそれを取り戻すよう命じられていた。だがチベット軍は、こうしてまんまとだまされた。追い返されたチベット軍は、この貴い聖遺物はもうブータンにない、と報告したのだった。

第12章 ついに故郷へ

ブムタンの王宮にいた時のことだ。一九四七年、私は国王陛下に拝謁をたまわった。陛下のおそばにおられたダショ*・ジクメ・ドルジ・ワンチュック皇太子(のち三代国王、一九二八—一九七二)が、私のことを紹介してくださったので、私は思いきって陛下にお願いをした。一九四〇年にインドへ発ったあと、パロ・ペンロプが没収した私たちの土地をどうかお返しください、そして、私たち一家がペドンからブータンへ戻ることをどうぞお許しください、と。陛下は慈悲深くも、土地を返還してくださり、家族がブータンへ戻ることもお許しになった。陛下はパロ・ペンロプ、ツェリン・ペンジョルについてこう言われた。「私はあれにバルコ・ツォ・ドプ(パロの旧称)をぜんぶ与えてやった。あれにはそれで十分だろう」。それから私に、「お前たちはラマの子孫だ。来てはいけないと言っていないのに、お前たちは今まで来なかった」とおっしゃった。これは、もっと早く訴えればよかったものを、ということだったのだろう。そして、「ケサン・ダワのところへ行って、カショ(王勅《おうちょく》)を受け取ってくるがよい」と言われた。私はすぐに、陛下の側近のケサン・ダワからカショをもらった。あの時のうれしさと晴れやかな気持ちは、今でもはっきり覚えている。

私はその大事なカショを持ってパロへ行った。パロ・ペンロプに見せないといけなかったからだ。ことがことだけに、ペンロプがどう出るか予想がつかなかったので、私はがちがちに緊張して、さんざんためらった末に謁見を申し入れた。パロ・ペンロプはデヤンカの居室で、激しく咳込んでいた。ペンロプはその咳のせいで、二年後の一九四九年に亡くなった。謁見の時、私はふところからおずおずとカショを取り出して、ペンロプからも同じものをいただきたい、と言った。そうでないと、パロの先祖伝来の土地を正式に取り戻すことができないと思ったのだ。するとペンロプは、「空より高い山があるか。お前はまだ子供だな。王がカショをくださったのだから、私のカショなど必要ない」と言った。これは、王の命令はきちんと守る、という意味だった。それでも私は、あとで何か言いがかりをつけられてはいけないと思って、カショをくれとペンロプに食い下がった。ペンロプはバタ(銀の容器)の中身を私の両手にあけ、びんろう樹の実とキンマの葉を山盛りにして、「お前はさすがにあの母親の息子だけある」と感心したように言った。私は拍子抜けしてしまった。家族を長年つらい目にあわせた張本人のこの傲慢な権力者から、こんな言葉が出るとは予想もしなかったからだ。

パロの水田は戻ってきたが、クンガ・チュリンは戻ってこなかった。あの家はパロ・ペンロプに「売った」ことになっていたからだ。いっぽうリムチュの家と水田は、私たちの手に戻った。八年前に失った土地と家が返ってきたという知らせに、家族は大喜びした。この追い風に乗って、家族はついに故郷へ帰ることにし、準備にかかった。落ち着き先はタロから歩いて一時間、リムチュから歩いて一日のノプガンに決まった。いずれは家を建てるつもりで、それまで家族が身を寄せる家は、私がノプガンで見つけておいた。私は待ちきれず、トンサのエンド・チョリンまで家族を迎えに行った。みんなは列車でコクラジャルまで来て、そこからジープでハティサ、今でいうゲレフへ行き、そこで二、三日泊まって馬と人夫を雇い、トンサに来ることになっていた。ハティサはうんざりするほど蒸し暑く、ラム兄さんと妹たちは、暑気払いと気晴らしに川で泳いだそうだ。ハティサにあまり人が住まないのは、このうだるような暑さのせいもあるが、もうひとつ、危険な蚊の大群がいるためだ。のちに、その蚊は辺りで発生するマラリアの元凶だということが分かった。ラム兄さんと妹のナムギエ・オム[36]はたぶん、ハティサの辺りでこの蚊に刺されたのだろう。チャカルスに着く頃には、二人にはマラリアの症状が出始めていた。エンド・チョリンのすぐ下手で皆を迎えた私は、やせ衰えたラム兄さんを見て胸がつまった。私たちはチャカルス・ラカン寺に一週間留まって、ラム兄さんとナムギエ・オムが良くなるのを待った。その間にラム兄さんと両親は、当時クンガ・ラプテン宮殿におられた姉王妃アシ・プンツォ・チョデン陛下にご挨拶に出かけた。ラム兄さんは足もとがおぼつかず、宮殿まで両脇を支えられて歩いていった。王妃はラム兄さんの身体を大変ご心配くださり、ここまでの旅やペドンでの暮らしぶりを詳しくお尋ねになった。そして三人の従僕を私たちのために付け、乳牛二頭とジ(猫目石)一個、それから母のためにひとそろいの服までくださった。王妃のご慈悲に私たちはすっかり恐縮してしまった。

ラム兄さんと妹のナムギエ・オムの容態が思わしくなく、なかなかプナカへ出発することができなかった。それで私たちは、しばらく腰を据えることにして、チャカルスよりも高台にあって涼しいタクシ・ラカン寺に

*—ダショは、英語で「サー」にあたる称号。王家の男性全員と、その他要人に与えられる。

●前頁…ティンプ谷の水田の中に建つタシチュ・ゾン。ブータン政府の中央政庁が置かれている
[撮影…フランク・ホックとリシナ・ホック夫妻、一九五五年]
●右…東ブータン、タシ・ヤンツェ谷のチョルテン・コラ
●左…中央ブータンのルクプジ村

●ゾンの少年僧

●ブムタン、チュコル谷のクジェ・ラカン寺

●右…初代国王ウギェン・ワンチュックの夏の宮殿、ブムタンのワンディ・チュリン。奥はジャカル・ゾン

●左…中央ブータンのトンサ・ゾン

●ブータン北部の山々

移った。ラム兄さんは、もう馬に乗っていることもできなかったので、輿に乗って運ばれた。タクシ・ラカン寺の周りの景色は絵のように美しかったが、私たちの気持ちは一向に晴れなかった。ラム兄さんもナムギェ・オムも、高熱のせいでだんだん弱っていった。ことに、ラム兄さんは食べ物を受けつけなくなり、みるみる容態が悪化していった。

ラム兄さんは死が近いことを悟っていた。最後のひと月、兄さんは私たち三人の弟に、長男なのにお前たちに何もしてやれなくてすまない、自分はもう行かなければならないのだ、と繰り返し言った。また、母を心から愛し、とても仲が良かった兄さんは、母さんのことを大切にしてよく面倒をみてくれ、と何度も念を押した。「母さんのために、私は死んでから二十一日後にこの身体に戻ってきます。もし戻らなければ、もう生き返ることはないでしょう。遺体を高い山に運び、置き去りにしてください。葬儀はいっさい必要ありません」とラム兄さんは言った。一九四九年のブータン暦五月一日、タクシ・ラカン寺でラム兄さんは亡くなった。まだ三十歳だった。兄さんが死んで、家族はすっかり打ちのめされた。ナムギェ・オムが治ったのが、せめてもの救いだった。兄さんが亡くなって五十年にもなるが、化身が見つかったという話はいまだに聞かない。

亡くなって二週間たっても、夏の酷暑のなか、ラム兄さんの身体はみずみずしいままだった。肌はまるで金を張ったように鮮やかな金色に変わった。不思議なできごとはそれだけではない。クンガ・ラプテン宮殿へ向かう途中でレペーを通った時、一条の光が射してラム兄さんの馬の行く手を照らした。その光景を見た誰もが、畏怖の念に打たれた。ラム兄さんの遺言に従って、遺体は三週間のあいだそのまま触れずに置かれることになった。奇跡が起こる、つまり、兄さんの言葉どおり生き返るかもしれないからだ。

ところがチュキ・ギェルツェンが、ラム兄さんが亡くなったと聞いて、タクシ・ラカン寺に駆けつけてきた。そして瞑想の姿勢のままのラム兄さんの前で、悲しみのあまりおいおい泣き出し、止める間もなく、瞑想中で邪魔をしてはならない兄さんの身体に手を触れたのだ。その日、ラム兄さんが祈りと瞑想を終えたというしるしがはっきりと現れた。酔っぱらっていたチュキ・ギェルツェンがとんでもないことをしてしまった以上、もうラム兄さんは戻ってこないという事実を受け入れるより仕方なかった。兄さんの遺体はすぐにブムタンに運ばれ、荼毘に付されることになった。両親は兄さんを高い山の上に置き去りにするなどもってのほかで、息子のためにできるだけ立派な葬儀を営んでやりたいと思っていた。「息子がいるあいだ、私たちは息子のために生きてきた。天に召されたからといって、山の上に置いてくることなどできない。それにそんなことをすれば、葬儀代を惜しんでいると言う者もあるだろう」。父は悲しみに沈みながらも、きっぱりと言った。私にとっても、家族の誰にとっても、とてもつらい時期だった。母は悲しみのあまり抜け殻のようになっていたが、私はやり場のない気持ちを胸に押し込め、あえて平気なふりをしていた。

当時トンサのタポン（馬丁長）だったゾンツァプ（ゾンポン代理）・ドプ・テンジンは、国王から私たちの力になるよう命じられた。ゾンツァプはとても頼りになる人物で、神聖な遺体をブムタンまで運ぶ手はずを万事ととのえてくれた。遺体がタクシ・ラカン寺の中庭に運び出されると、それまで何日も降り続いていた雨がやわらかな霧雨に変わり、三重の虹の暈《かさ》がかかった太陽が青空に現れた。ブムタンへ向かう旅のあいだじゅう、その三重の虹はずっと空にかかっていて、まるでラム兄さんが天から見下ろしているように思えた。ブムタンに着くと、ワンチュク兄さんが陛下のもとへ伺い、ラム兄さんをラマの火葬場であるドザムで荼毘に付す許しを願い出た。すると陛下はおそれ多くも、偉大なラマや国王が荼毘に付されるグル・リンポチェゆかりの古い聖地、クジェ・ラカン寺の前で火葬を行なう許可をくださった。陛下は、あの不思議な三重の虹をご覧になったに違いなく、ワンチュク兄さんにこう言われたという。「サンギェ・テンジン[24]に悔やみを言う。わが国がすぐれたラマを失ったことはまことに残念だ。葬儀はクジェで行なうがよい」と。陛下は大勢の官吏に、私たちの葬儀の手助けをするよう命じられた。王の秘書官のティンレは、クジェ・ラカン寺の正面に、火葬のための祭壇をしつらえるのを手伝ってくれた。のちにゾンツァプ・ドプ・テンジンの一人息子は私の長女ペダ[37]と、またゲドン・ティンレの息子は私の妹シェラ・ペム[34]の長女、リンシと結婚した。

三重の虹は七日間、空にかかっていた。そして、ラム兄さんの遺灰が川に流されると、虹は雲間に流れていった。まるで流れていく遺灰に虹が寄り添っていくようで、何とも荘厳で胸のふるえるような眺めだった。遺灰を川に流したあと、遺品をジャンベ・ラカン寺の未来仏である弥勒菩《みろくぼ》薩《さつ》（ジャンパ）の前に安置した。その直後、滝のようなどしゃぶりの雨になり、それは一週間降り続いた。

故郷へ帰った喜びも、ラム兄さんの死ですっかりしぼんでしまった。

葬儀が終わると私たちはプナカへ発ったが、大好きなラム兄さんがいなくて何もかも色あせてしまったようだった。兄さんは亡命生活のあいだじゅう、ずっと家族の支えだった。私はノプガンへ、牛と一緒に使用人を一人先にやり、借りておいた家を掃除させた。また使用人にトゥジ[31]への手紙を持たせ、「ラム兄さんが亡くなってものすごく淋しくて悲しい、君に会いたくてたまらない」と伝えた。

ノプガンに着いてトゥジに再会した時は本当にうれしかった。アム・ウゲー・デム[20]とトゥジは、歓迎のごちそうを持って私たちの新しい家にやって来た。アム・ウゲー・デムの料理はすばらしくおいしかった。こうして温かく迎えてくれるのは、彼女が私を娘婿として認めてくれた証だったので、私は胸を躍らせた。これに意を強くして、私はそのあと大っぴらにトゥジの家を訪ねた。そうして朝帰りをしたことで、晴れて村人からトゥジの夫と認められたのだった。村の結婚とはおおかたそんなもので、盛大に式をあげて大騒ぎするようなことはなかった。村の人たちはそんなことに使う金も時間もなかったからだ。村人があとでこっそり教えてくれたところでは、アム・ウゲー・デムは私に野良仕事ができるのかと不安に思って、娘の婿にすることをためらっていたという。どんな若者が婿にふさわしいか、彼女には彼女のものさしがあったのだ。

私の両親は新婚当時、ノプガンに来たことがあったが、将来そこに落ち着くことになるとは予想もしていなかった。両親は、二つの美しい寺のある、静かで落ち着いたこの村が気に入った。形も大きさも同じような家々が五十ばかり、山の尾根づたいに連なっていた。尾根は村の真ん中では狭く、二つの寺のうち大きい方、ツクラカン寺が建っている端の方へ行くほど広くなる。トゥジの家は村のてっぺんにあって、小さな尾根に連なる村全体を見晴らすことができた。ノプガンの村人は、今は亡きシャプドゥン・ジクメ・ドルジ[27]を崇拝していて、その姉である母を温かく迎えてくれた。みな私たちが早く村になじめるよう気を遣ってくれて、両親を訪ねてきてはちょっとした相談事をしたり、ワンチュク兄さんがカリンポンから持ってきた蓄音機に耳を傾けたりした。大笑いをひたすら繰り返すレコードは、特にみんなのお気に入りだった。しばらくそのレコードを聴いているとすっかり笑い上戸になってしまい、みんなレコードと一緒に大笑いしていた。ノプガンの老いも若きもこの楽しいレコードに夢中になって、飽きずに何度も聴いては面白がり、大笑いしたものだ。あのレコードは今もそのままワンチュク兄さんの家にある。

両親がノプガンの借家に落ち着いた半年後、私は残してきた親類をブータンに連れてくるためにペドンへ行った。ペドンには、父方の祖母ンゲドゥプ・ペム[8]の妹アンゲー・ザム、その息子のケサンおじさん、私の妹のシェカが残っていて、家族の家財道具もまだ少し置いてあった。ブータンに戻ってくると、アンゲー・ザムは、とにかく暖かい土地に住みたいと言ってパロへ行き、その二、三年後にパロで亡くなった。シェカは、両親や姉や妹とまた一緒に暮らせて大喜びだった。妹たちはノプガンの暮らしにすっかりなじんで、家で野菜を作ったり、牛の世話をしたりした。カリンポンで長いこと近代的な生活をしていた妹たちが、不便な村の暮らしにすぐになじんだのには驚いた。シェラ・ペム[34]は十六歳、シェカ[35]は十二歳、ナムギエ・オム[36]は八歳だったが、三人ともペドンでの「近代的」な暮らしを懐かしがることはなかった。村人の目には妹たちがもの珍しく、かわいらしく映ったようだ。弓の試合があると、妹たちはサリーを着て足首にガングルー(鈴)をつけ、インドの流行歌を歌いながら踊りを披露した。

　両親がノプガンに落ち着くと、私は妻の家より両親の家で過ごすことが多くなった。ワンチュク兄さんはジクメ・ペルデン・ドルジ首相のもとで働いていたので、私と、当時二十歳になっていた弟のレンケ[32]が両親の世話をした。ノプガンで一年たった頃、両親はジンチュ・ゴモ・ラカン寺の近くに家を買った。その家は前より引っ込んだ場所にあって、周りに土地もついていた。

　一九五一年十一月三十日、私に初めての子供が生まれた。私はわくわくしながらお産に立ち会った。生まれたのは女の子で、私はとがらせた竹の先で、できるだけそっと赤ん坊のへその緒を切り、残ったへその緒を絹糸でくくった。そして、ずっとそわそわして周りを歩き回っていたアム・ウゲー・デムに、フランネルにくるんだ赤ん坊を手渡した。アム・ウゲー・デムは赤ん坊を抱こうとして、手がふるえて木の床に落っことしてしまった。ウゲー・デムは度を失って部屋から飛び出していった。わんわん泣いている赤ん坊を抱き上げると、特にどこもけがはない。それでサムドゥプおじさん[21]に、お義母《かあ》さんに大丈夫だと言ってください、と大声で言った。部屋に戻ってきたアム・ウゲー・デムは、まだひどく動揺していたが、おとなしく寝ている赤ん坊を見て、サムドゥプおじさんに、男の子の孫ができたよ、と言った。そして二人で「ツァゲ、ツァゲ、ツァゲちゃん」とやさしく呼びかけた。ツァゲとは「まぬけ」という意味で、男の子につけるあだ名だったので、私はあわてて、この子は女の子ですよ、と言った。それを聞いて二人はもっと喜んだ。義母は女の子が欲しかったのだ。赤ん坊はベダ[37]と名づけられた。私はサフランなどいろんな薬草を入れた特製の湯で、娘に産湯をつかわせた。そのあと、生まれて初めてのバターをひとかけ、娘の口に含ませた。

一九五二年、ダショ・ジクメ・ドルジ・ワンチュック（このとき皇太子。のち三代国王。一九二八―一九七二）とアシ・ケサン・チョデン（一九三〇生）の婚礼祝典を見物しに、パロまで出かけた。妻と赤ん坊も一緒に家族みんなで、片道二泊して歩いていき、パロにある祖母ンゲドゥプが先祖から受け継いだ家、チャン・ツェカに泊まった。婚礼の儀のあとの祝賀行事を見に出かけたが、ものすごい群衆がつめかけて、仮面舞踊などをよく見ようと押し合いへし合いしていた。私はもみくちゃにされてすっかりくたびれてしまい、チャン・ツェカにいる妻と娘のところに戻った。人込みの中にすりがいたことにまったく気づかず、トウジにいきなり「ゴが切られている！　後ろを見て、ゴが切られているわ！」と言われてびっくりした。後ろを見るとゴが切られていて、手で探ってみると、腰にくくりつけてあった財布がなくなっていた。有り金ぜんぶ、銀貨三十枚を盗られたのだ。私はすっかり気が動転して、もっとよく気をつけていればよかったと思って落ち込んでしまった。特に、妻に言われるまで何も気づかなかったのには、まったく冷や汗が出る思いだった。

第13章 ノプガンでの十年

あいつぐ苦難のために、私たち一家は知らない土地を転々とし、チベット、シッキム、インド、ブータンを放浪する不安定な根無し草の暮らしを強いられた。財産を持ち運び、新しい土地や人々に早くなじむために、家族みんなで知恵をしぼらなければならなかった。もし私たちの家――リムチュとクンガ・チュリンを失っていなければ、一家の暮らしはまるで違ったものになっていたはずだ。とはいえ、そんな亡命生活の中でさえ、野良仕事をする必要に迫られたことは一度もなかったので、私は農作業に慣れていなかった。ペドンにいた頃にシロンやシッキム、カリンポンへ物や家畜の行商に行っていたほかは、在家僧侶(ゴムチェン)として定期的に法事に呼ばれるぐらいのものだった。これまでに身につけたことは、農家である妻の家の一員としては何の役にも立たなかった。鋤《すき》も斧も小刀も、農具はまったく手にしたことがなく、農作業はまるで素人だった。

初めのうち、妻の家では、農作業をしろと言われることはなかった。義母のアム・ウゲー・デムも義父のサムドゥプおじさんも、野良仕事に出ろとは一言も言わなかった。いきなり大変な仕事をやらせると、おじけつくかもしれないと思ったのだろう。時間がたてば農作業に慣れて、重労働もできるようになると考えたのかもしれない。だが、肉体労働の心構えをする猶予期間は、すぐに終わった。義父母が、そろそろ私に働いてもらおうと思ったのだ。ある日、サムドゥプおじさんはいつも通りに早く起きて野良仕事に出た。出て行く時に、おじさんはぴかぴかに研いだ斧を門の目立つところに置いていった。それは、一緒に仕事に来いという無言のメッセージだった。おそるおそる斧を取り上げ、畑に出てみると、おじさんは樫の老木を切り倒しているところだった。おじさんは、私が斧を持って来たのを見てほんの少しうれしそうな顔をしたが、そのまま切り続けた。私は初め、斧を使ったこともないのかと思われはしないか不安で、渾身《こんしん》の力をふりしぼって何とか木を切った。しかし、昼休みの頃には手がまめだらけになっていた。休みたかったが、そんなことをしたらバブー(ヒンディー語で「役立たず」の意)の烙印《らくいん》を押されてしまう。それで私は仕事に戻って、丸太を割って薪にしたり、畑から木の根を掘り出したりした。サムドゥプおじさんの手の皮は厚く、雌牛のえさにするイラクサを素手でつかむことができた。その夜、家に戻ると、私は血のにじむ手に布切れを巻いた。こうして、ノプガンの村人として、サムドゥプおじさんについて働く生活が始まった。おじさんが、自分とは血のつながりのない私たち家族のためにがんばって働いていることを思うと、私も負けてはいられないという気がした。おじさんは本当に、一日も休まず、一所懸命働いていた。一九五三年に息子のサンギェ[38]が生まれて、私は二児の父になった。そしてそのことで、家族への責任をいよいよ強く感じるようになった。

　次女のドルジ・ワンモ[39]は一九五五年に生まれた。その年、私はジェ・シャキャ・リンチェンが見つけた宝石を納めた仏像がまつってあるお堂で、ナムギェ・トンチュ（法要）の施主をした。この法要では、たくさんの供物——バターの灯明やトルマ（小麦粉で作った供え物）などが、お釈迦様の五仏の一つ、毘盧遮那《びるしゃな》仏に捧げられる。ナムギェとは毘盧遮那仏の省略形で、トンチュはたくさんの供え物という意味だ。ノプガンのお堂のほか、わずかな僧院でのみ営まれるこの特別な法要を始めたのは、ジェ・シャキャ・リンチェンだ。この行事は費用はかかるが、功徳を積むことになるので、私たち家族の幸福と繁栄を祈るよい機会だった。この法要の施主は、一九五五年から毎年ずっと続けている。この頃から、私は自力で生計を立てることや子供たちの将来について、真剣に考えるようになった。それまでは、サムドゥプおじさんを手伝う以外は、たいていパロとリムチュにある両親の土地の手入れをして過ごしていたのだ。私はあちこちを回って物を売り歩く行商人になろうと思った。しかし元手が足りなかったので、手持ちの七千ルピーに加えてワンチュク兄さんから五千ルピー借りた。

　私は義母の親友ウゲー・ペムの夫ドキ、弟レンケ、パロ出身の二人の商人を仲間にし、グダマ（今のサムドゥプ・ジョンカ）へ馬と織物の買い付けに行った。馬は全部で十一頭手に入った。パロムと名づけた黒いラバと、ミンドゥという名の亜麻色の牡馬は、それぞれ千八百ルピーした。私は元手のほとんどをメンツィ・マタ、ルンセム、アダ・マタ、メンタ、セタ、白いブラといった、ゴやキラ用の服地にあてた。馬はランジャから鉄道で、プンツォリンに一番近いハシマラの駅まで送った。ところが家畜用の貨車が遅れて、私たちは貨車がハシマラに着くまで四日間、気をもみながら待つはめになった。水田の広がるプンツォリンで、青々とした木立の下で野営しながら、手に入れたばかりの馬のために鞍、くつわ、手綱を調達した。それから馬に商品を積んで家へ向かい、道々、商品を現金で売ったり、米と物々交換していった。どの家にも凶作に備えて備蓄米が置いてあったからだ。

何年か前に飢饉があったので、村人は用心して、どの家でもとっておける米はすべてとっておいた。当時はバムと呼ばれる大きな木の箱や、ルプと呼ばれる竹の容器に穀物を蓄えておいたものだ。時々、備蓄米の質が落ちると、捨てて新しい米と入れ替える。義母のウゲー・デムもよく、かなりの量の備蓄米を家の下の畑に捨てていた。米が余ると、近所の人に貸して現物で利息を取ることもあった。といっても、ほとんどの米は貸しつけたきり回収していなかったのだが。

妻の家では、家畜の世話も仕事の一つだったが、村の周りには家畜を狙う野生動物がたくさんいて、見張りもなしに家畜を放牧するのは危険だった。うちのように牛に見張りをつけないでいると、よく狼に襲われた。ある時、牛の一頭が食われて骨と皮だけになっているのを見て、あわてて狼の群れを追い払ったことがある。私は一頭を撃ち殺し、もう一頭に傷を負わせた。やはり狼に手を焼いていた友人が、けがをした狼をめった打ちにして殺した。それから二年間は、まるで私たちが武器を持って待ち構えているのを知っているかのように、狼は一度もノプガンの家畜を襲わなかった。豹もたまにやって来たがそれほど実害はなく、私の馬が首に深手を負わされたこともあったが、そのうち治った。豹はむしろ人間にとって恐ろしい存在だった。ある日の夕方、プナカからノプガンに戻る途中の道ばたで横になって休んでいると、豹が頭の上を飛び越していった。家に戻り、お茶を一杯飲んでほっと一息ついた時、近くの家から叫び声が聞こえた。豹が私のあとについて村に入り、猫をさらっていったのだ。今のノプガンでは、豹が出ることはめったにない。

ノプガンに出るのは狼と豹だけではなかった。ある晩、実家で夕飯を食べて家に戻り、門の木戸を開けたとたん、低いうなり声がした。一瞬、気が動転して何なのか分からなかったが、それは庭に生《な》っている梨を狙ってやって来た熊だった。こういう時のために銃は持っていたが、狙いを定めているひまはない。巨大な獣が飛びかかってきた瞬間、私はライフルを抜きざま腰だめで撃った。すると熊は、梨の木の下にどうと倒れた。銃声を聞いて、サムドゥプおじさんがたいまつを手に家から出てきた。熊が死んだかどうか確かめようと石を投げつけたが、熊はぴくりともしなかったので、その夜は死骸をそのままにしておいた。翌朝には村じゅうに噂が広まり、早くから興奮した村人が庭に集まってきた。この熊には村の豚が何匹も殺されていただけに、みんなは熊が死んでいるのを見ただけでは満足せず、足で蹴ったりののしったりして怒りをぶつけた。これで安心して豚を育てられるというので、みんな喜んでいた。熊の死骸をひっくり返してみたが、どこにも弾の痕《あと》が見つからない。結局、弾痕《だんこん》は口の中に見つかった。熊が口を開けたところに弾が命中したのだ。私は薬として珍重される胆《きも》だけを取っておいて、あとは胆を取り出してくれたチベット人にやることにした。チベット人はその肉を、ティンレガンの移民労働者キャンプで働くシェルパ族に高値で売った。シェルパたちは肉をバナナの葉でしっかり包んで持ち帰った。ノプガンの村では、熊の肉を食べるのはタブーだったからだ。

　一九五七年と一九五九年に娘のツェリン・ペム[40]とツェリン・ヤンドゥン[41]が生まれ、私の子供は五人になった。娘たちの名は、ツェリンマ（長寿の女神）にちなんで妻と私がつけた。ノプガンのジンチュ・ゴモ・ラカン寺の本尊はツェリンマで、一九五七年に私がその堂守に選ばれたからだ。村人たちは、ペドンにいたころ在家僧侶だった私なら、この神聖な寺の堂守にふさわしいと考えたようだ。私は、寺から貸し出される水田の収穫で年中行事の費用がまかなえるかどうか確かめてから、この役職を引き受けた。村で新しい役割を与えられた私は、妻と五人の子供をつれてジンチュ・ゴモ・ラカン寺に移った。アム・ウゲー・デムとサムドゥプおじさんも、家を閉めて一緒に寺に移ってきた。子供の面倒は二人が見てくれて、義母のアム・ウゲー・デムは子供たちの母親も同然だったので、「アイ（お母さん）」と呼ばれていた。義母は一家の食事を作り、うまく家計をやりくりした。義母は娘の健康を何よりも優先し、トゥジのお産のたびに二か月は床についているように言い、そのあいだ目玉焼き、卵酒（チャンケー）、肉料理の特別メニューを食べさせた。トゥジに一日二回も湯を使わせるため、私は毎日、何時間もかけて風呂の用意をした。湯に水を混ぜたりせず自然にぬるくなるのを待ち、妻をおぶって風呂とベッドを往復しないといけなかった。この過保護な扱いも、義母に言わせれば「娘の健康のため」だった。

　私は、たまに織物の行商をする以外にも、何か商売の機会はないかと考えていた。米が豊富なプナカに脱穀機を置けばいい商売になりそうだったので、カリンポンへ行き、水力式の脱穀機を買った。西ブータンではこの種の機械は初めてだった。脱穀機をプンツォリンから馬で運ぶのは骨が折れたが、機械に傷ひとつ付けることなくプナカのタラ村に据えつけることができた。日中はその脱穀所で働き、夕方になると一時間かけて家に戻る。きつい仕事だったが、金にはなった。脱穀代として受け取った米や小麦がかなりたまったので、余った米をザヲ(煎り米)にしてチベットの町パリで売ろうと考えた。ただ、それには荷馬がたくさん必要だったが、私は二頭しか持っていなかった。

　そこで弟のレンケに頼んで、商用のついでにパリで馬を三頭買ってきてもらった。レンケはナプ・サンギェの孫娘デキと結婚し、ひとかどの商人になって、馬もたくさん持っていた。レンケが代わりに買ってきてくれた馬は、ドルジ・ツェム、ツェリン・ツェム、バトーという名前で、ドルジ・ツェムは栗毛で神経質、ツェリン・ツェムは月毛《つきげ》で穏やかな気性、バトーはこげ茶色の少しおとなしすぎる馬だった。私は年に三回、五頭の馬を連れてチョモやパリにザヲを売りに行った。往復で十五日もかかったが、売り上げはかなりの額になった。このチベット国境を越える旅のほかに、私は年に一度、インド国境の町ランガマティまで長旅をしていた。石けん、布、砂糖、お茶、食用油、びんろう樹の実などの日用品を一年分仕入れるためだ。

　あるとき私は、パリでレンケと偶然会った。レンケは重病で、私は弟が回復するまで面倒を見たので一か月以上も家に帰れなかった。ノプガンに戻ってみると、家にはもっと重病人がいた。留守にしているあいだ、幼い娘のドルジ・ワンモ[39]がひどい病気で苦しんでいたのだ。ドルジ・ワンモはひどく弱って脱水症状を起こしていた。アム・ウゲー・デムと妻は、誰かが寺にやって来るたびに娘を物置に隠し、病気だと知られないようにした。悪い業《ごう》を持った者が近づいて、病気が悪くなるのを恐れたのだ。というのも、寺にはお供えを持ってくる人だけでなく、米を借りに来る人もいたからだ。パリで買った干し魚で食事を作ってやると、ドルジ・ワンモはだんだん食欲を取り戻していった。特に、サン・チュコルの諸尊に回復祈願の儀式をしたあとは、目に見えてよくなった。妻と私は幼い娘を抱いてサン・チュコルに行き、娘の回復を祈った。サン・チュコル・ゾンは、例の火事のあと廃墟のままで、私は子供時代を過ごしたゾンの焼け跡に供え物をした。

　一九五三年、妹のシェラ・ペム[34]が、ノプガンから二時間のところにあるトベサ村のナムギェと結婚した。見合い結婚で、二人は娘のリンシが生まれたあとに離婚した。のちにシェラ・ペムは、自分で選んだ相手と再婚した。この二番目の夫ツォレーは、シャプドゥン四世ジクメ・ノルプの孫で、プナカとガサの知事だった。シェラ・ペムとナムギェの見合い結婚がうまく行かなかったというのに、家族はまたしても見合い話を進め、ワンチュク兄さんが妹のシェカ[35]を、彼女より十七歳も年上の友人ジャファ・ドルジと結婚させた。この結婚も、何年かあとに破局を迎えることになる。また弟のレンケは、妻デキのおじダヲ・ペンジョルと、まだ少女だったナムギェ・オム[36]を結婚させた。この二人は今、たくさんの孫に囲まれて幸せに暮らしている。

　ある日、ノプガンの畑で忙しく働いていると、プナカとガサの知事で義弟のツォレーの従僕がやって来て、すぐにプナカまで来てほしいと言う。それで、普通にかかる時間の半分で駆けつけると、ツォレーの用件はこうだった。ブータンの三代国王ジクメ・ドルジ・ワンチュック陛下が翌日ガサに向かわれる。ついては、その日のうちにガサへ発ち、陛下のご一行が着くまでにお迎えの準備を整えてもらえまいか、というのだ。陛下と随員が到着された時に準備が万端整っていなければ、義弟の責任になる。妹のシェラ・ペムは、当然ながら夫のことを心配して、私に「ガサへ行って」と頼んだ。私は途中でリムチュの家に寄り、冬をそこで過ごしていた両親に事の次第を話した。もう遅い時間だったので、父は「先は長いんだからぐずぐずしていてはいかん」と言ったが、母は、私があちこちに険しい崖のあるラバの踏み分け道を夜通し歩くのを心配していた。私はお茶を飲み干すと、ツォレーの従僕を連れて出発した。従僕がカンテラを持って先に立った。ダムジまで来た時には夜の十時で、ペンジョルをはじめみんな寝静まっていた。ペンジョルはツォレーがいない時の代理役だ。私は家の戸を叩いてペンジョルを起こし、陛下の一行が翌日ガサに来られると伝えた。翌日の夕方、一行がガサ温泉に到着されるまでに、お迎えの準備を確実に整えなければならないのだ。私たちは土地の顔役を起こしてまわり、役割を分担して、夜を徹して準備をした。牛と豚を集めてほふり、チーズやバター、野菜、米も集めた。私は顔役たちと夜が明ける頃にガサ・ゾンへ行き、それから陛下が滞在される予定の温泉まで歩いて降りていった。その二時間ばかりあと、国王一行が温泉に到着された。大勢の人々がスカーフを身に着けて温泉に集まり、杜松《ねず》を焚いた煙の中、陛下をお迎えした。

　温泉のそばにひと月前に建てられていた、随員が宿泊する竹の小屋を点検すると、ペンジョルはとどこおりなく準備が終わったと思って、安《あん》堵《ど》のため息をもらした。ところが、お茶でも飲もうと台所に行ったとたんに呼び出しを受けた。馬の囲いの建て方がなっていないという報告が陛下のもとに届いたのだ。この囲いを建てた責任者は私だったが、陛下はツォレーの正式な代理人であるペンジョルを呼ばれた。ペンジョルはよろめきながら台所に戻って来てつっぷした。手抜き仕事をしたかどで罰を受けたのだ。

翌日、陛下は狩りに出られた。宿泊所にいた者はみな森へ入り、あらかじめ陛下が潜んでおられる場所に獣をおどして追い込んだ。こうして大きな牡鹿が一頭しとめられた。牡鹿の肉は、陛下の考案による新式の料理法で調理された。バターと玉ねぎと一緒に、塩と砂糖を同じ分量入れるのだ。この鹿カレーは狩りに加わった者たち皆にふるまわれた。陛下は上機嫌になり、供の者にちょっとした悪ふざけをなさった。湯気の立つ温泉に薄い板きれを渡し、随員にその上を歩かせると、何人かがよろめいて湯に落ちた。私はプナカとガサの間にあるメセチェンで、陛下をお見送りした。父王の宮廷に出入りしていた頃から私のことをご存じの陛下は、いとま乞いをすると、もったいなくもご自分の茶入れ籠と米の菓子六袋をくださった。

陛下はその夜、プナカ・ゾンの裏手の山荘に宿泊された。夕方、妻と三人の妹が御前で踊りを披露すると、大の音楽好きであられた陛下はその踊りをお気に召され、一人五十ヌルタムという、当時としてはかなりの額をくださった（一ヌルタムは一インドルピーに相当する）。陛下はまた、慈悲深くも父サンギエ・テンジン[24]のことをお尋ねになり、数年後には見事な銃を父に贈ってくださった。

一九五七年、私は四歳になった息子サンギエ・ンゲドゥプ[38]を中央僧院に入れて僧にした。弟レンケの息子も同い年で、この時いっしょに中央僧院に入った。トゥジの友人オムとの間にレンケがもうけた子だ。ただ、レンケとオムの結婚生活は、わずか二年で終わっている。私は中央僧院の僧五百人と親戚友人を招き、息子の出家を祝う昼食会を催した。息子は僧衣をまとい、ブータンの六十三代大僧正ティンレ・ルンドゥプ（一八九七―一九七四）と集まった大勢の僧の前で平伏した。ノプガンに戻ると、父は私の息子が一家の伝統を守って中央僧院に入ったことを祝い、自分が施主となってツクラカン寺でシュクデルという儀式を行なった。シュクデルとは、直訳すれば祭りや落慶法要、結婚式などで、高位の人々が座る席のことだ。シュクデルは恩寵と栄華と繁栄を願う祈りで始まり、儀式に列席する人々に、いろいろな果物や食べ物が決まった順にふるまわれる。

息子サンギエが中央僧院入りした二年後、私はプナカ・ゾンの近くの橋のたもとに店を構えることにし、カリンポンへ出かけて売り物を仕入れた。近くにある店は三軒だけで、ジョチュの店と、あと二軒はチベット人の店だった。店ではブータンの着物の仕立てと食品雑貨を扱った。義母ウゲー・デムとサムドゥプおじさんが、ジンチュ・ゴモ・ラカン寺の堂守の仕事と、上の子供たち三人の世話を引き受けてくれた。私がサムドゥプおじさんを手伝って野良仕事に出たり、ジンチュ・ゴモ・ラカン寺の用事で出かけたりする時は、妻が幼いツェリン・ペム[40]、赤ん坊のツェリン・ヤンドゥン[41]と一緒に店番をした。しかし店はなかなかうまくいかず、儲けも少なかったので、結局二年足らずで閉めることになった。

一九五九年、私は長女のベダと長男サンギェをハ地方の学校へ入れた。僧になった息子の将来のためには、西洋式の教育が必要だと思ったのだ。私は二人をポニーに乗せてハに向かった。荷馬二頭に二人が食べる分の食料、特に米を積んで一緒に運んでいった。妹シェカの夫がハ・ゾンの侍従だったので、ベダとサンギェの後見人になってもらった。妹にまかせておけば安心だとは思ったが、それでも子供たちが哀れでならなかった。幼い二人が、私と別れる時にしょんぼりしているのを見て、一緒に馬に乗せて帰りたくなるのを必死でがまんした。つらい気持ちは帰りの道中ずっとつきまとい、喉にかたまりがつかえたようで、途中の小川できれいな水を飲んでもとれなかった。シェカは帰り道に食べるようにとおいしい弁当を用意してくれたが、それも開けないままティンプに着いてしまった。

その頃、上の妹のシェラ・ペムが、リムチュで四人目の娘を産んだあと具合が悪くなった。両親は手を尽くして看病したが、一向によくならない。そこで占い師だったか占星術師だったかに相談すると、シェラ・ペムを別の場所に移せば早くよくなると言われた。それで、プナカ・ゾンの近くの川岸にある田んぼに竹の小屋を建て、周りにほこりがたたないよう新鮮な松葉を敷きつめた。新しい家に移れば妹の容態は落ち着きこそすれ、急変するなどとは思いもしなかった。

当時、プナカ・ゾンの辺りには洪水の恐れがあり、長い堤防が築かれることになった。この治水工事の責任者に父が選ばれ、就任式に出るために母と一緒にやって来たので、私たちは二人を住まいを兼ねていた店に昼食に招いた。その食事中に従僕が来て、シェラ・ペムが危篤だと告げた。一九六〇年、妹は二十六歳で亡くなり、私たちは悲しみのどん底につき落とされた。母は心痛のあまり、何度も気を失った。その五週間後には追い打ちをかけるように、ノプガンで妹の産んだ赤ん坊が亡くなり、悲しみはさらに深まった。

一九六三年、ジンチュ・ゴモ・ラカン寺の堂守の任期六年が終わり、面

パロからノプガンに駆けつけると、娘は急性の赤痢にかかって、ひどく弱っていた。その頃は子供が病気になると、守護尊のところに連れていって良くなるようお祈りするのが普通だったので、私も小さなヤンドゥンを連れてサン・チュコルに行った。実際、守護尊にお参りしてから、娘はだんだん良くなった。

一方パロの雑貨店は、ティンプのチャンリミタン広場の時と同じくぱっとしなかった。夏じゅうねばって商売が上向くのを待ったが、一向にそんな気配はなかった。やはり長い目で見れば、ティンプの方が見込みがある、だが元の場所ではなく、もっと大勢の人が集まるタシチュ・ゾンの脇がいい。そう考えて私はティンプに戻り、タシチュ・ゾンのそばにテントを張って店を開いた。立地がよければ売り上げは伸びるはず、という予想は当たった。ところが、人が集まる立地のおかげでまずまずの利益が出始めたとたん、政府から、ゾンの境内が騒がしいので、ゾンの脇の店はすべてチャンリミタン広場へ移動せよ、とのお達しが出た。それで結局、また元の広場に舞い戻ることになった。

チャンリミタン広場にいる時、私は上の二人の子供を、カリンポンのもっといい学校にやろうと決めた。今どきの祖父母もたいがいそうだが、義母のウゲー・デムとサムドゥプおじさんは西洋式の教育の大切さに気づいておらず、目に入れても痛くないかわいい孫たちと離れるのを嫌がった。そして、ベダ[37]かサンギエ[38]どちらか一人だけでも村に残してくれ、と懇願した。これから近代化していく社会で子供たちがよいスタートを切るためには、西洋式の教育を受けることが必要なのだと言っても、二人ともなかなか納得してくれなかった。

それでも私は、それまでハの学校に通っていた長女と長男を、カリンポンに連れて行った。ついでに布地や衣類、織物、洗面用具、煙草、台所用品なども仕入れて、店の品揃えを充実させるつもりだった。チャプチャまではポニーで行き、そこからジープに乗る。子供たちにとっては初めての自動車だった。当時、ティンプから六〇キロ先のチャプチャまでは自動車道が開通していた。両親とワンチュク兄さんも、妹シェラ・ペムの遺灰をガンジス川に流しにいく時、同じジープに乗ってプンツォリンまで行ったのだ。ベダとサンギェは車に酔って、夜に田んぼで野営するあいだもずっと黙りこくっていた。今、この田んぼの辺りには、ドゥク・ホテルが建っている。

二人は翌日、生まれて初めて見るたくさんの人、建物、物の洪水に面くらい、ますます無口になった。カリンポンの町は活気と喧騒《けんそう》に満ちていた。チベットやシッキムやブータンの商人が物を売り買いし、せまい通りを車がひっきりなしに行き交い、ラジオからインドの音楽ががんがん流れ、行商人が大声で客を呼び込んでいる。なかでもベダとサンギェが目を丸くしたのは、もちろん、私の大好きな映画館だった。初めて映画を見た時、二人は登場人物も建物もぜんぶ本当に舞台にあるのだと思って、映画が終わったあと、あの人たちも建物も、あっというまにどこへ行っちゃったの、と私に訊いた。

首相に仕えていたワンチュク兄さん[29]は、二人のためにブータン政府から奨学金をもらい、ベダとサンギェをそれぞれ学校に入れる手配をしてくれた。長女のベダはセント・ジョゼフス修道院、長男のサンギェはドクター・グラハムズ・ホームズに入学した。ワンチュク兄さんは、一九六四年に首相が暗殺されるとノプガンに戻ってきて、若くて美人の村娘、ペムと結婚した。兄さんはそれからずっと、老いた両親に献身的に尽くして過ごした。

政府から支給された奨学金があったので、子供たちに制服や日用品など、十分な支度をしてやることができた。サンギェはドクター・グラハムズ・ホームズの寄宿生になり、ベダはアント・アガタズに寄宿して、セント・ジョゼフス修道院に通うことになった。子供たちを家から遠く離れた土地に置いていく時には、胸が締めつけられる思いがした。その二年後の一九六二年には、次女のドルジ・ワンモと三女のツェリン・ペムがセント・フィロメナズに入学し、ベダと同じアント・アガタズに寄宿することになった。ところがアント・アガタズは、どんどん増える女子学生を収容しきれなくなっていて、寄宿生は部屋にすし詰めにされ、あとで聞いて驚いたのだが、食事も満足に与えられていなかったという。それで、妹のシェカ[35]が、二人をカーセオンのセント・ヘレナ修道院に転入させてくれた時はほっとした。当時、上の妹シェラ・ペム[34]の末娘ダムチェ・デムと、弟レンケ[32]の長女リンチェン・ギャムも同じ学校に通っていた。ドルジ・ワンモもツェリン・ペムも、セント・ヘレナの方が気に入った。何棟もある大きな寄宿舎に、寄宿生はたった百八十人ほどだったからだ。カーセオンはダージリン地方にある美しい避暑地で、どことなくブータンを思わせる風景が広がっていたので、子供たちはくつろいだ気分になったようだ。またベダの方も、カリンポンのセント・ジョゼフス修道院の寄宿生になることができた。

長男のサンギェと長女のベダをそれぞれの学校に入れると、私はカリンポンからティンプに戻った。妻のトゥジは、四女のヤンドゥンを産んでから三回流産し、その頃また妊娠していた。一九六三年五月十一日に五人目の娘が生まれ、サンギエ・チョデンと名前をつけた。[42]ところが娘が生まれてしばらくすると、チャンリミタン広場の上空から飛行機の積み荷が落とされるようになり、いつ当たるかと冷や冷やさせられた。何でもインドと中国が国境で衝突し、ブータンも兵を派遣することになって、ティンプで訓練を始めたということだった。兵士の食料をインドから空輸して空から落とすので、砂糖や食用油や米の入った大袋がチャンリミタン広場にどすんどすんと落ちてきて、その拍子に袋が破れることもよくあった。空から降ってくるこの重い袋がいつテントを突き破り、私たちを押しつぶすかと気が気ではなかった。積み荷の投下が始まると、妻と私は赤ん坊の娘をかばうように身を寄せあってうずくまった。

あるとき娘のサンギエのおしめを替えていると、上から誰かの視線を感じた。店の客かと思って立ち上がった私は、相手を見て思わず赤ん坊を落としそうになった。なんとそれはジグメ・ドルジ・ワンチュック国王陛下だった。陛下はワンディ・チュリンとクンガ・ラプテンの父君の王宮にいた私のことを覚えていらして、「こんなところにいたのか。店はうまくいっているか」とお尋ねになった。タシチュ・ゾンのそばにいた時の方がうまくいっていました、とお答えすると、陛下は「ここの店はタシチュ・ゾンの脇へ移すよう命を出そう」とおっしゃった。

その翌日、チャンリミタン広場の店はすべて取り壊された。兵士たちがあんまりてきぱき作業を進めるので、みんな店が壊されないうちにと必死になって商品を持ち出した。広場はあっというまに軍の野営地になり、よく分からなかったがどうやら非常事態のようで、徴兵年齢に達した男たちのほとんどが召集され、訓練を受けた。私も昼間は他の店主たちと一緒に簡単な軍事訓練を受け、夕方になると服や煙草や石けんなどの日用品を売った。といってもそれは自前の商品ではなく軍の物資で、軍から委託料をもらって物資を売っていただけだ。私は銃の扱いに慣れていて、軍の将校も含め、たいていの人より射撃がうまかった。射撃訓練の最後に、デチェン・チュリン射撃場で試験があったのだが、私は何人かの将校を負かしてしまった。

そんな時、私は軍の食料を扱っている店主たちが、不正行為をしていることに気がついた。彼らはかなりの量の小麦粉、米、砂糖、油、肉などをくすねていた。それを知っていて黙って見過ごすのは気がとがめた。それに将来、不正が明るみに出たら、当局に知らせなかったことで罪に問われるかもしれない。私は思い悩んだあげく、勇気をふりしぼって、連中の一人に言った。「兵隊さんは決まった量の食料しかもらえないんだ。おもりや升《ます》に小細工するのはよくないことだ。升に油をぬって米の量を減らしたり、規定のおもりの代わりに軽い石のおもりを使うのはよした方がいい」。すると相手は、「自分たちはやりたいようにやる。捕まったら捕まった時のことだ。他人のことに口出しするな」と言った。それでも私は良心がとがめて見て見ぬふりができなかったので、軍の委託商を管理していたダショ・ツァン・ツァンに、私に軍の食料を扱わせてほしいと申し出た。ついでに、店はタシチュ・ゾンの脇でやらせてくれと頼んだ。ダショ・ツァン・ツァンは古くからの友人だったので、私を信用して任せてくれた。私は毎日こまかく帳簿をつけて、軍に相当な利益を還元した。

一年半後、ダショ・ツァン・ツァンが軍務を解いてくれたので、私は自分の商売に戻ることができた。軍の委託商の仕事から解放されると、タシチュ・ゾンのそばに住み心地のいい小さな家を建て、店舗兼住まいにした。近くには弟のレンケと妻のデキ、友人のリンチェン・ツェリンと妻のオム、ギュルメ・シンゲと妻のイェシェが店を並べていた。私たちは、強い連帯感と助け合いの精神で結ばれていた。困った時は助け合い、仕入れの時も一緒にインドまで旅をした。

その頃、第一次農業振興計画（一九六〇年半ば）の一環として、ブータン政府はりんご栽培を国民に奨励し、苗木を無料で配布しはじめた。この機会を逃す手はなかったが、あいにく私は果樹園を持っていなかった。それで、チャン郡のガプ（村長）だったチャン・ジェセーの助けを借りて、ドチュ・ラ峠の手前のホンツォに土地を手に入れた。その土地の真ん中には、ホンツォ・クンリナと呼ばれる大きな建物が残っていて、これは昔、中央僧院の僧侶がティンプとプナカを往復する際の宿泊所だった。十月の終わり頃にプナカへ移動する旅の途中で、僧侶たちはみなホンツォに逗留して、マラリアや腸チフスの予防をしたという。辺りに生えているニガヨモギを大量に大鍋で煎じて、その苦い汁をみなで飲むのだ。私はこの由緒ある土地を手に入れ、開墾して果樹園にし、千本の苗木を植えた。一度に百本ずつ、粗布に包んだ苗木を背負って、朝早くティンプからホンツォまで歩いていった。昼間は雇った人夫と一緒に汗して働き、夕方またティンプに戻る。苗木をぜんぶ植え終わるまで、これを繰り返した。りんご園が立派にできあがると、我ながらよくやったと思い、これで子孫の将来は安泰だと満足した。

当時、妻はまた妊娠していたので、私はホンツォで仕事を終えると毎

最初の大きな事業は、私の弟レンケと合資で開いたサムツィのドロマイト鉱山だ。

子供たち、甥、姪はみんなダージリン地方のカーセオンやカリンポンの学校に通っていた。帰省する時は一緒に来て、また一緒に戻っていった。ある時、カリンポン組がカーセオン組より一日早くティンプを出て、翌朝カーセオン組が出発しようとしているところへ、ノプガンからサムドゥプおじさん[21]の急死の知らせが来た。孫たちに会いにティンプへ来ていた義母は、三十九年連れそった夫の悲報を落ち着いて受け止めた。涙をこらえ、人前で取り乱すようなまねはしなかった。翌朝早く、皆でノプガンへ向かおうとしたその時に、サムドゥプおじさんが二日前に送っておいてくれた新鮮な食べ物とバターの小包が届いた。これには誰もが胸を衝かれた。おじさんは死の直前まで、私たちのことを気にかけていてくれたのだ。

かまどの前に倒れているサムドゥプおじさんを最初に見つけたのは、うちの牛飼いでシェルパ族のニマだった。ニマはすぐに、歩いて五分の父とワンチュク兄さんの家に飛んでいって知らせた。父と兄が行ってみると、おじさんはもう息がなかった。たぶん心臓発作だったのだろう。私たちがノプガンの家に着くと、おじさんの亡骸は絹に包まれて、いつも寝ていた台所の窓ぎわに安置され、幕で囲まれていた。おじさんが一人ぼっちで亡くなったことを思うと、ひどく胸をさいなまれ、打ちのめされた。おじさんは最期の時に何を思っただろうか。一日も休まず一所懸命に働き、私たちの将来を気にかけてくれたのに、私たちはおじさんの最期を看取ることもできなかったのだ。

トゥジは愛する継父《けいふ》の死を深く悲しんだ。子供たち、特に長男のサンギェも悲嘆に暮れていた。サムドゥプおじさんは孫たちを深く愛していた。私の妻や子供と血のつながりはなかったが、心からお互いを愛していたのだ。私もおじさんを尊敬し、愛していた。義母よりもおじさんの方に、同じ家に婿入りした者のよしみで親しみを感じていた。サムドゥプおじさんは家の前の芝地で火葬された。今でも、命日には毎年ダルチヨ(経典を印刷した祈りの幡《のぼり》)を立てることにしている。

運命というのは皮肉なもので、トゥジの実父のドゥバ[22]は、それまでまったく音信不通だった娘に会いに来る途中、ハで泊まった家で亡くなった。ドゥバは十代の娘(二番目の妻との間にできた子)を連れて来て、トゥジに養育を任せるつもりだったのだ。一週間後にその娘も謎の死を遂げ、殺人事件ではないかと疑われた。親子が持っていた貴重品がなくなっていたからだ。
一九四九年の終わり頃、アンゲー・ザムとシェカをペドンに迎えに行った時、偶然ドゥバに会ったことがある。トゥジにそっくりだったので、すぐに父親だと分かった。近づいて、「あなたの娘さんの夫です」と自己紹介すると驚いていたが、「よい夫を見つけて娘は幸せ者だ」と言った。私はドゥバに会えたが、妻はとうとう自分の父に会えずじまいだった。ちなみにドゥバの弟クショ・ツェチュは、十歳の時に兄と一緒にネパールへ行き、十五年後の一九四三年、故郷のノプガンに帰ってきた。その時にウゲー・デムの家に泊まり、当時十二歳だった姪のトゥジと仲良くなった。それ以来、二人は親しい親戚づきあいを続けている。

一九七〇年代の初め頃、行政事務の増加と商業の発展に伴って、ティンプは家や官庁の建設ラッシュを迎え、官舎も次々と建てられた。そんな中、中国人商人のヒンが、ティンプのモティタンにたくさんの官舎を建てる仕事を請け負うことになり、建設に大量の材木が必要だったので、ティンプに製材所を開いた。私も、これからは材木を地元の建設業者に卸したり、インドへ輸出したりする製材所が有望だと思い、ティンプのチュバチュにある黄色いペンキ屋根の森林局へ行って、製材所の認可を申請した。初めは私と弟レンケの合弁事業にするつもりだったが、有力な役人の協力をあおいだ方が何かとやりやすいだろうと考えて、前大蔵大臣のチュギェル、前内務大臣タムシン・ジャカル、ドニェー(儀典長)・デンドゥプに出資者として加わってもらった。実務作業はすべて私とレンケが担当し、ティンプのチャンの川沿いに製材所用の土地を見つけたり、経済産業農林省から十万ヌルタムの融資を取りつけたりした。こうして発電機を備えた製材所が完成した。

一方で、木材の輸送用に、ホンツォから突貫工事で道を引いた。当時は木の質に応じて五～七ヌルタムの料金を払えば、誰でも針葉樹を伐採できた。私とレンケが交替で製材所の建設や木の伐採を監督し、ドニェー・デンドゥプは代理のゲロン・プンツォを現場によこした。ある時、雇った十四人の作業員の一人が、倒れた木の下敷きになって即死したことがあった。政府発注の建築を監督する技官のパプ・オェサルは、れっきとした労働災害だったにもかかわらず、この事故を私の過失だと言い立てた。もしこちらに有力な出資者がいなければ、私は不当に逮捕されていたに違いない。結局この問題は、賠償金を支払うことで結着した。

この頃は、地元の住民からの材木の注文はほとんどなかった。規則がゆるくて、自分で森から木を切り出してくることができたからだ。おまけに政府も、家を建てるための木材なら、ただ同然の料金で伐採の許可を出した。それで、私たちは近くのインドの町に市場を求め、ヒマラヤ松、モミ、トウヒ、アメリカツガ、カシなどの短材をトラックいっぱいに積んで、シリグリのヒンドゥスタン製材所に向かった。しかしインドの材木業者は、ブータンの木材の質の良さが分からず、ダージリンの安いヒマラヤ松と同じ額しか出さなかった。値段は三〇センチ角あたり五ルピーで、計算してみると、材木を売った収益より経費の方が上回っていた。経費の大部分は、道を引いた工事の費用だった。その後もしばらく製材業を続けたが、気がついてみると出資者の中で私一人が必死で働いている状態になっていた。ティンプでの製材業は、もう利益の出る見込みはなく、結局、前大蔵大臣ロンポ・チュギェルが製材所を経済産業省に譲り渡した。

　輸送費がかからず、安い賃金で労働力を確保できる南ブータンなら、製材業も軌道に乗るかもしれない。そう思った私は、ヒン商社とタシ商社から、閉鎖されることになったゲドゥのエヴァーグリーン製材所の製材機を譲り受けることにした。ゲドゥは湿度が高すぎて材木がすぐに腐り、損失が大きかったのだ。大蔵大臣の弟で地方長官のクンレ・ギェルツエンの力を借り、プンツォリンの川沿いの土地を手に入れて、譲り受けた機械を据えつけ、名前はそのままエヴァーグリーン製材所とした。私が事業に成功するきっかけとなったこの製材所は、一九七〇年の開設から二十七年たった今でも操業している。もっとも、だんだん利益のためというより感傷のためになりつつあるが。国の厳しい環境政策のために、木材は競り市で買えないほど高くなってしまったからだ。

　エヴァーグリーン製材所の経営は順調で、この調子で事業を広げればうまく行きそうに思えた。それで、ツェリン・ワンディが製材所を売りたがっていると耳にすると、急いでサムドゥプ・ジョンカ地方のダイファムに向かった。機械は以前、ティンプで使っていたものとまったく同じ型だった。製材所には広い土地と家がついていたので、いい物件だった。経済産業省から融資を取り付け、私は製材所を買い取った。

　私は森林監視員と二人でダイファムの森をくまなく歩き回り、伐採する木を選び出した。そうした森めぐりをしていて、魚がいっぱいの深い湖を見つけたり、象の群れに出くわしてやりすごすことも珍しくなかった。また人が立ち入らない森の奥に、幹回りが五メートル以上もあるキンコウボクの木を見つけたが、これほど太い古木ともなると、切り倒すのにゴアティで買った一番大きなこぎりを使っても丸一日かかった。

おまけに切り倒したものの、その木はすぐにあきらめなければならなかった。丸太が大きすぎてトラックに載らなかったからだ。機械がないので、この巨大な丸太をひっくり返すこともできなかった。きっとあの丸太は今でもそこにあって、ゆっくりと朽ちていることだろう。アルナチャル・プラデシュ州近くのアルニ・オニでは、こういう巨木が珍しくなく、象をつないだ車でもなければとてもあんな木は運べない。私は古代の森に感嘆しながら立ち去った。

私はダイファムとプンツォリンで一か月ずつ交互に過ごしていたが、往復の旅は長く面倒で、こうした生活を続けることにだんだん疲れてしまった。それに、モンスーンの季節にアッサムの辺りを旅するのは、鉄砲水が起こりやすいので危険だった。私は一度、洪水でジープごと流されかけたことがある。住民は、家の床上まで水が来たので、バナナの木に登って避難していた。私は危なくて進めず、洪水がおさまるまで待たなければならなかった。ダイファムの製材所は収益があまり上がらなかったし、ダイファムとプンツォリンを往復する旅の無理も重なって、私はとうとう二年後の一九七二年に閉鎖を決めた。機械はプンツォリンのエヴァーグリーン製材所に移そうと思い、経済産業大臣だったナムギェル・ワンチュック王子（三代国王の異母兄弟）に許可を求めた。王子は快く了承してくださった。

ところがこの頃、丸太の販売に関する新しい法律が定められた。この法律で、製材業者が丸太を扱うことは禁止され、製材済みの板材しか売ってはいけないことになった。製材所のための木材を手に入れるには、カリコラ、マナス、ピプソーで、特別な許可を得て個人に割り当てられる森の木を、一本あたり約五十ヌルタムで買わなければならなくなった。森の木の切り出しには私が行った。木を探しに原始林の奥深くへ分け入るのは危険がいっぱいで、野生の獣に襲われたことも一度や二度ではない。幸い、牛の番をしていた頃に木登りを覚えていたおかげで逃げることができ、命が助かった。だが、その辺りで襲ってくるのは野生動物ばかりではなかった。ある日の夜遅く、車でプンツォリンへ戻る途中に、ピプソーで強盗の待ち伏せにあったのだ。大きな丸太で道がふさがれていて、待ち伏せではないかとピンと来た私は、運転手に「スピードを上げろ。そのまま草地を突っ切れ」と言った。六人ほどの人影が森から出て来て、私のパドミニ・フィアットに槍《やり》を投げつけた。槍の一本が車のドアに当たった。私はめくらめっぽうに銃を三発撃ち、スピードを上げてその場を逃れた。だが、またしても追いはぎにあった。今度はまた別の賊で、ジョライの辺りで車のスピードを落とした時、自転車に乗った二人の男が現れ、車の前後をはさんで止めようとしたのだ。運転手のミャティはすばやくハンドルを切って避けようとしたが、前を走っていた自転車がすぐ正面に回りこんできた。男はフロントガラスを蹴り外し、後部座席の私の横に飛び乗った。完全に不意をつかれ、気づいた時には男に首を締められていた。だが私はとっさに車のドアを開け、男を放り出した――当時は胃潰瘍で体が弱っていたのだが、火事場の馬鹿力というやつだ。ミャティはジョライからプンツォリンのヒンのところまで全速力で車を飛ばした。ヒンは、強盗が追ってきた場合に備えて、がたがたになった車をガレージに隠してくれた。あとになって、プンツォリンに住む同業のインド人から、ジョライで二人の男がブータン人の車にはねられて重傷を負ったと聞いた。

その頃、プンツォリンは急速にリゾート化して、冬になるとティンプなどから大勢の人が来るようになった。両親も冬はプンツォリンに来て、そこから毎年ブッダガヤに巡礼に出た。これは一九六一年、聖なるガンジス川に上の妹のシェラ・ペムの遺灰を流して以来、毎年続いている習慣だった。両親はプンツォリンにいる時、末の妹のナムギェ・オムのところに泊まっていたので、私は毎日仕事が終わると顔を出していた。ある日顔を出すと、二人はかくれんぼの真っ最中だった。扉の陰に隠れていた父は、遊んでいるところに私が入ってきたので少し照れた様子で、「今日はどこから来たんだ?」と言った。私が旅ばかりの暮らしをしていたからだ。お茶が出て、みんなで飲んでいると母が心配そうに言った。「お前はあちこち旅をしてるけど、どこへ行く時でも守護尊にお祈りしなさいよ。旅の途中で殺されるかもしれないんだから、気をつけなきゃ」。すると父が笑って言った。「そんなに簡単に殺されたりするもんか」

毎年冬になると、子供たちや甥、姪をはじめ、家族みんなでミン映画館にかかる映画を残らず見て、週に一度はピクニックに行った。子供たちも甥も姪も、休みをめいっぱい楽しんで、みんなで近くの川に泳ぎに行ったり、町を自転車で走り回ったりしていた。映画を見るのは家族の一番のぜいたくで、そのスポンサーは私だった。コルカタで傷物の材木の買い取り先を見つけてから、売り上げが伸びて利益も上がっていたので、映画代を出すくらいの余裕はあったのだ。

父も母もその頃には体重が増えて、父は足元がおぼつかなくなり、起きるにも誰かに支えてもらわないといけなかった。それでも、真っ白な髪と長いひげの父は十分に威厳があった。母の髪も真っ白になっていた。

二人はいつも並んだ寝台に腰掛けて、思い出話に花を咲かせていた。母は、むかし関係のあった女性のことで、よく父にいじわるを言った。だがいつも最後には、二人して笑い出すのだった。父は物思いにふけりながら、よく言っていた。「私が生きているあいだに、この国も世界もすっかり変わってしまった。人が月に行けるなんて思ってもみなかった」

国民はみんな――実業家も農民も、官吏も僧侶も――生活水準の飛躍的な向上を享受していた。それはひとえに、先見の明のある「近代ブータンの父」、三代国王ジクメ・ドルジ・ワンチュック陛下のご指導のたまものだった。その陛下が一九七二年七月十五日、ケニアのナイロビで急逝されたと知らせがあった時には、国じゅうに衝撃が走った。全国民が深い悲しみに包まれた。国王の棺は七月の終わり頃にティンプに到着し、みな家から出て、沿道に立ってお迎えした。

ブータンを統治する重責を担うことになったのは、まだ十六歳の皇太子、ジクメ・センゲ・ワンチュック殿下[23]だった。しかし経済界も含めた国民の誰もが、私たちを導くよう神仏に定められたこの若き国王に任せておけば、国の将来は安泰だと信じていた。若いのに聡明で、分別のあるしっかりした方で、神仏がブータンをよりいっそうの繁栄に導くためにこの方をおつかわしになったのだ、と私たちは思った。

一九七二年は個人的にもつらい年だった。からい食べ物やアルコールを控えたのに、胃潰瘍の痛みがひどくなる一方で、すっかり体が弱ってしまった。心配した妻の勧めで、私はコルカタの病院に行くことにし、ブータン国営通商公社の事務所があるティヴォリ・コートの、妹ナムギェ・オムの家に身を寄せた。ブータンへの輸入品はコルカタの港から入ってきており、ナムギェ・オムの夫ダチ・ペンジョルは、コルカタにある公社の出先機関の責任者だった。私がインド入りして一週間後の一九七三年十二月二十二日、妻から電話があって、父が亡くなったことを知らされた。あの日、私の一部も一緒に死んだのだ。父が咳をしているのに母が気づいて、どこか具合は悪くないかと尋ねると、父は首を振って「いや」と答えた。そして突然のどを押さえ、心臓発作で亡くなったという。父は七十七歳で、その年の初めに、長女のベダが産んだひ孫を見ていた。私がプンツォリンに駆けつけると、母はショックで抜け殻のようになっていた。

父の亡骸は本人の生前の希望通りノプガンに運ばれ、家の前の芝地で、ダンカラ・トゥルクの化身にふさわしく丁重に荼毘に付された。葬儀のため、ニューデリーのセント・ステファンズ・カレッジから長男のサンギェを呼び戻し、一緒に火葬用の薪を仏塔の形に積み上げた。ジェ・ティンレ・ルンドゥプ大僧正を筆頭に、三百人の僧が葬儀を執り行ない、遺灰はプナカのモチュ川に流された。翌年の一九七四年、そのジェ・ティンレ・ルンドゥプも亡くなった。プナカ・ゾンの中庭での火葬の最中、遺灰が葬儀用の仏塔から空に舞い上がると、その灰を何千羽という小鳥がくちばしでとらえた。この小鳥の群れは急にどこからともなく現れ、またたくまにどこかへ消えてしまった。小鳥は天人の化身で、天からジェ・ティンレ・ルンドゥプを迎えに来たのだ、と人々は噂した。義母のウゲー・デムは、この奇跡に深い感銘を受け、自分のラマが特別な方だったことをとても誇りに思っていた。

一九七三年いっぱいと一九七四年の前半、ティンプはジクメ・センゲ・ワンチュック陛下（現四代国王）の戴冠式の準備でわき返っていた。戴冠式に出席する各国首脳が泊まるホテルも建てられ、新しい始まりを迎えて国じゅうが興奮していた。私は当時、経済界を代表して国民議会の議員になっていた。これはくじ引きで決まったもので、任期の三年間は大過なく務めたが、議員だったおかげで、特等席から戴冠式とその準備の様子を見る機会に恵まれた。この戴冠式の時ほどティンプがにぎわったことはない。華やかな飾り門や、色とりどりの旗や飾りつけが通りという通りを彩っていた。戴冠式の当日の一九七四年六月二日になると、急に天気が良くなった。これは国王陛下の治世で、ブータン国民が発展と平和、幸福に恵まれるというしるしだった。うちの者も、ブータンじゅうの人々と同じように晴れ着を着てこの歴史的式典を祝い、チャンリミタン広場でパレードと舞踊を見物した。娘たちも皆と同じように華やかな祝典に酔い、若き陛下のさっそうとした姿にうっとりしていた。誰もがこの空気に酔いしれていた。

戴冠式のあいだ、長男のサンギェは儀典官として賓客の付き添いをした。サンギェはその時セント・ステファンズ・カレッジの四年生で、一九七五年に卒業すると外務省のエリートの仲間入りをした。

その翌年の一九七六年、一丁目一番地という覚えやすい住所のティンプの家が、妻と私がプンツォリンにいるあいだに全焼した。他にも三軒の家が燃えた。たぶん隣の家の漏電が原因だったのだろう。そのとき家にいたのは息子のサンギェ一人だったが、火事に気づいて目を覚ますと、火はもう屋根まで燃え移っていたという。サンギェはパンツ一枚で寝台から飛び出し、家財道具が燃えないうちにテラスから手当たりしだい外に放り投げた。けれども火の勢いが強くなり、サンギェはあきらめて家から逃げ出した。国王陛下は、深夜になっても火の弱まらない現場に、内務大臣や大蔵大臣と一緒に来られた。陛下がおられることを誰もが心強く感じ、なんと国民思いの王様だろうと思った。幸い死者は出なかったが、聖宝、宝石、仏像などの一家の財産はほとんど焼けてしまった。何十年もかけてためた家族の写真も燃えてしまった。

私は火事の翌朝早くティンプに着いた。焼け跡からは何も見つからず、仕方なく残骸を片づけてまた家を建て直すことにした。火事にあった者は成功するという言い伝えがある。かけがえのない物を失った私にはたいしてなぐさめにならなかったが、その後のことを考えるとあながち嘘ではなかったようだ。二年ほどのちにセンゲ総合商店という店を開いたが、言い伝えどおり商売は成功したのだから。

第16章
「至福の宮殿」でのロイヤル・ウエディング

ジクメ・ドルジ・ワンチュック国王の突然の崩御《ほうぎょ》で、ジクメ・センゲ・ワンチュック国王陛下[23]は公務に忙殺されるようになった。若者らしい青春を楽しむ間もなく、その肩に指導者としての役割が重くのしかかった。そんな陛下の唯一の気晴らしは、多忙なご公務のあいまをぬって、サッカーから弓技までさまざまなスポーツを楽しまれることだった。ブータン国民と全世界が見守るなか、陛下は申し分なく冷静かつ着実に、国の統治を引き継いでいかれた。うら若い国王が難題を次々に克服していくさまを見て、陛下に対する国民の敬愛と賞賛は増すばかりだった。

王位を継承されてから、国民のあいだでは、陛下が王妃を迎えられることを望む声が次第に高まっていた。できるだけ早く婚礼をあげ、王家の血筋を確かなものにされることを国民は望んでいた。そこで一九七九年、陛下は私の娘のアシ・ドルジ・ワンモ[39]、アシ・ツェリン・ペム[40]、アシ・ツェリン・ヤンドゥン[41]、アシ・サンギェ・チョデン[42]と、内々に婚礼をあげられた。ただ、それを公にすれば、すぐにでも正式の婚礼式典を、という声が上がっただろう。それでこのことは、ずいぶんあとになるまで伏せられていた。

思えばまだあどけない娘たちが初めて陛下にお目にかかったのは、一九六九年のプナカ・ゾンで、陛下がプナカの年に一度の祭り（ドムチュ祭）に来臨された折りのことだった。振り返ってみると私の家系は、プナカ・ドムチュ祭という最高の舞台で、しかもシャプドゥンの聖なる遺体のすぐそばで、運命の人と出会うめぐりあわせにあるようだ。父のサンギェ・テンジン[24]が未来の妻アシ・ドルジ・オム[25]に初めて会ったのは、一九一五年のプナカ・ドムチュ祭だった。私に関して言えば、私とトウジとの「仲」を初めて周りが知ったのが、一九四九年のプナカ・ドムチュ祭だった。あのとき私は、ヤトゥンからパロを通ってプナカまで、普通なら五日かかる距離をわずか二日で駆け通したのだった。

私にとって大変うれしく、また誇らしいことに、一九八〇年に現皇太子のジクメ・ケサル・ナムギェル・ワンチュック王子[51]と、チメ・ヤンゾム王女[48]が生まれた。その翌年にはソナム・デチェン王女[46]とデチェン・ヤンゾム王女[52]が生まれ、続いて一九八二年にケサン・チョデン王女[49]、一九八四年に

●ヤプ・ウギェン・ドルジ［一九九八年］

●婚礼の日の王妃たち
左からアシ・サンギェ・チョデン、 アシ・ドルジ・ワンモ、 アシ・ツェリン・ペム、 アシ・ツェリン・ヤンドゥン

●四代国王ジクメ・センゲ・ワンチュック。一九八八年十月三十一日、婚礼の儀にて

●右頁右：婚礼の日の太后たち。左からアシ・ケサン・チョデン皇太后、故アシ・ペマ・デチェン太皇太后、故アシ・プンツォ・チョデン太皇太后
●右頁左：左からユム・トゥジ、ヤプ・ウギェン・ドルジ、ナムギェル・ワンチュック王子。婚礼の儀にて
●左：婚礼の儀の国王とティンゴ・ケンツェ・リンポチェ

●左からアシ・ツェリン・ヤンドゥン王妃、アシ・ツェリン・ペム王妃、国王、アシ・ドルジ・ワンモ王妃、アシ・サンギェ・チョデン王妃

●王家の人々

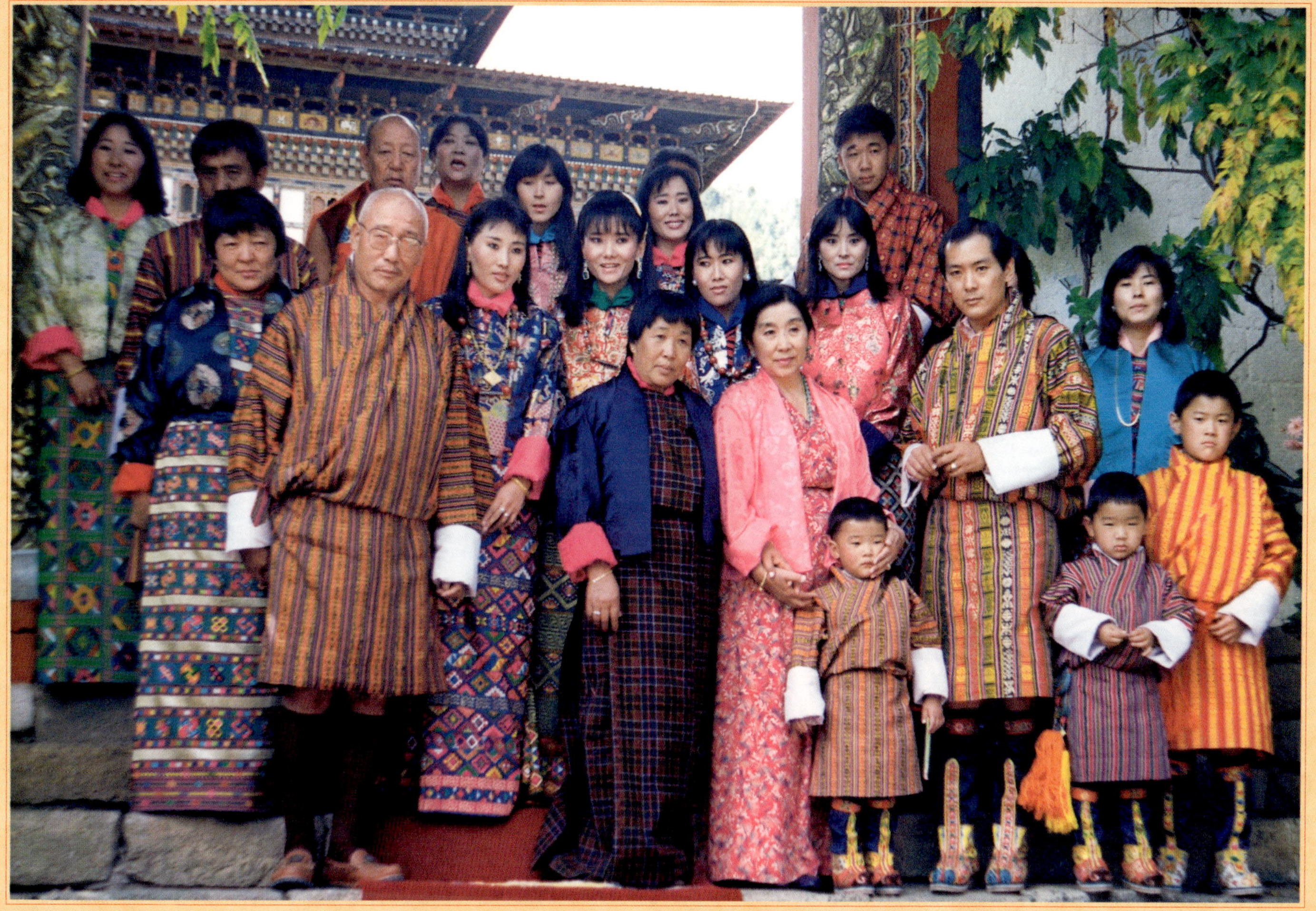

●右上…国王と四人の王子たち〔一九八〇年代終わり頃の写真〕
●右…左から
ダショ・ジクメ・ケサル・ナムギェル・ワンチュック王子（現皇太子）、
ダショ・カムスム・センゲ・ワンチュック王子、
ダショ・ジクメ・ドルジ・ワンチュック王子、
ダショ・ジゲル・ウギェン・ワンチュック王子
●上…左から
アシ・ソナム・デチェン王女、
アシ・チメ・ヤンゾム王女、
アシ・デチェン・ヤンゾム王女、
アシ・ケサン・チョデン王女〔一九九七年〕
●左頁…国王と王子、王女たち〔一九九一年〕

◉上…第七次五カ年計画の会合で、
パロの人々と
◉左…ブムタンで
人々に昼食をふるまう国王
［一九九一年］
◉左頁…サルバン中学校で
生徒の話を聞く国王［一九九八年］

●左からクショ・ツェチュ、ヤプ・ウギェン・ドルジ、ユム・トゥジ［一九九六年］

●ダショ・ウギェン・ジクメ・ワンチュック王子とアシ・ユフェルマ・チョデン王女［一九九七年八月］

◉上…サン・チュコル・ゾンに安置するグル・リンポチェ像の冠を手に
◉左…ヤブ・ウギェン・ドルジ　ティンプのチャンリミタンにて
［一九七〇年代初頭］

●右…タロの弓の試合に出るロンポ・サンギェ・ンゲドゥプ
●左…ダショ・ジクメ・ケサル・ナムギェル・ワンチュック皇太子とヤプ・ウギェン・ドルジ［一九九五年］

●アシ・ドルジ・ワンモ・ワンチュック王妃と母ユム・トゥジ、父ヤプ・ウギェン・ドルジ［一九九八年四月］

ジゲル・ウギェン王子[47]、一九八五年にカムスム・センゲ王子[54]、一九八六年にジクメ・ドルジ王子[53]、一九九三年にユフェルマ・チョデン王女[55]、一九九四年にウギェン・ジクメ王子[50]が生まれた。

一九八〇年から一九八五年までの五年間、孫たちと娘たちは、私がティンプのジクメ・ドルジ・ワンチュック中央総合病院の上手に建てた、大きな美しい家ナムギェ・チュリンに住んでいた。孫たちはこの広々とした居心地のいい住まいで、誰はばかることなくのびのびと暮らしていた。二階には、下の町並みを見晴らせる日当たりのいいテラスがあって、そこからよくみんなで見事な眺めを楽しんだ。祖父として王子と王女の成長を見るのが、私にはこの上ない喜びだった。それは明るく、元気で、利発な子供たちで、私はかわいくてしかたがなかった。娘たちも母親として、せいいっぱいの愛情と優しさをそそいでいた。

妻と私は、幸福と平和の暖かな日差しに包まれていた。しかし、喜びのあとには必ず悲しみがやってくる。家族の世代交代に別れはつきものだ。若い者が日々そだってゆく一方で、老いた者は日々おとろえていく。私の義母にも母にも、ひたひたと老いが迫りつつあったのだ。一九八二年が明けてすぐ、プンツォリンのベダ[37]の家で冬を過ごしていた義母のウゲー・デム[20]が、脳卒中で倒れた。娘のベダと四人の孫は、それまで大変心を尽くし、気を配って義母の世話をしていた。ほかの子供たちや孫たちもみんな、ティンプから義母のもとに駆けつけた。体が不自由になり、すっかり元気をなくしたウゲー・デムを見て、私たちはショックを受け、胸を痛めた。その頃、同じプンツォリンにいた母のアシ・ドルジ・オム[25]も、義母の見舞いにやって来た。母はアム・ウゲー・デムの痛ましい姿に胸を衝《つ》かれ、すっかり気落ちして、まもなく肺炎になってしまった。義母のウゲー・デムが、体は不自由だが容態は安定している一方で、母はみるみる具合が悪くなっていった。一九八二年四月一日、母は眠っているあいだに、静かに息を引き取った。私たちは悲しみに打ちのめされた。誰よりも優しく愛情深い母だった。瞑想に入っているかもしれなかったので、遺体はそのままにしておかれた。うだるような暑さの中、母は毛布にくるまって横たわっていたが、その顔は生前よりもいっそう優しく穏やかで、肌はまるで生きているようにつやつやしていた。亡くなって五日目に地震があり、遺体の位置がずれた。それで私たちは、十年前に父を見送った時と同じ道を通って、母をノプガンまで運ぶ手はずを整えた。絹にくるまれた母の亡骸《なきがら》を乗せた車の後ろには、家族や友人たちの車が長い列を作った。ティンプのホンツォで、子供たちや家族が、私たち一行のためにお茶と昼食を用意して待っていてくれた。ノプガンで、母の葬列は村人から、哀しみと無言の敬意をもって迎えられた。沿道には敬意をもって迎えるしるしとして、普通は高僧や貴族を迎える時にしか焚かない杜松《ねず》の葉が焚かれていた。私は母の身体を湯《ゆ》灌《かん》して、父を荼毘に付した時とまったく同じ場所にしつらえた火葬用の仏塔に、遺体を安置した。大変立派な葬儀が営まれ、大勢の子や孫たちが参列した。遺灰はプナカ川に流され、遺骨はツァツァ——くだいて粉状にした遺骨を土に練り込み、小さく固めたもの——にして、のちに聖なるガンジス川に流された。

私たちは義母のウゲー・デムを、プンツォリンからティンプのナムギェ・チュリンに移した。母が亡くなったことは義母には伏せてあった。もし知らせれば、動揺して体に障るかもしれないと思ったからだ。だが義母は、友人だった母の死を察していたと思う。聡明な人だったので何かおかしいと感づいて、いらだった様子で「アシ・ドルジ・オムはどうしてちっとも会いに来ないの。あの人は元気なの」と訊ねてきた。娘たちは寝たきりの祖母に心をこめて尽くし、特に父方の祖母が亡くなってからは、愛といたわりの限りをそそいだ。身体をふき、食事をさせ、車椅子に乗せて庭に連れ出した。いつもそばにいて、気持ちが沈まないよう心を配った。義母自身、必ず良くなってもう一度歩けるようになろうと思っていたし、私たちもみんなそうなると信じていた。だが八十という年齢では、どんなに手厚く治療し介護しても、回復することは難しかった。義母は二度目の発作に耐えることができず、一九八二年十月十二日、安らかにその生涯を閉じた。そして一週間後、ティンプで荼毘に付された。

母と義母を見送ったあと、私は一九六〇年代の初めに手に入れておいた、プナカの広い土地を開墾する作業に打ち込んだ。そこは陛下のお気に入りの保養地ソナガサと、モチュ川をはさんで真向かいにある小さな丘で、当時、手つかずの荒れ地だったために、ただ同然で手に入れたのだ。あの頃は、所有者のない土地なら手に入れるのは簡単で、土地を自分名義で登記し、わずかばかりの税金を支払えばそれですんだ。荒れ地に税金を払うのがいやさに、いずれ値が上がるかもしれない土地を手放す人は多かった。私が買った土地は、悪霊《あくりょう》がとりついているという迷信があって、ずっと国の保有地になっていたところだった。この迷信は、まったくいわれのないものでもなかったかもしれない。というのも、一九八二年にその土地に家を建て始めたある晩、一夜の宿にした洞穴の近くに、長い鉤鼻《かぎばな》の奇妙な獣が現れたのだ。脚の関節はこぶのようにふくれていて、前脚にも後ろ脚にも長い爪が生えていた。これにはぎょっとしたが、作業の方はそのまま進め、大岩を発破でくだきながら美しい家を建てていった。とはいえやはり何となく不安だったので、チベット人の賢僧チュゾ・ザムにお願いして、念のため土地の悪霊を祓《はら》ってもらった。現在プンツォ・ペルリ宮殿と呼ばれるその家を建てるのに、二年かかった。家を建てながら、周りにオレンジの果樹園も作った。プンツォ・ペルリという名前は、ずっと昔、祖父のクンガ・ギェルツェン[7]が設計して建てた家の名を取ったものだ。パロにあった祖父のプンツォ・ペルリは、パロ・ペンロプのツェリン・ペンジョルに取り壊され、今はもう残っていない。

新しいプンツォ・ペルリは私がしばらく住んだあと、王室に献上した。王室の方々はその家を大変お気に召され、また辺りが温暖な気候だったので、冬の休みは好んでそこで過ごされた。そして私はプンツォ・ペルリから二キロ下手の、廃屋が点在している小さな土地を買った。荒れ地に家を建てると悪運をまねくという迷信があって、そこには誰も手をつけなかったのだが、私はそんな迷信を気にしなかった。廃屋の一つは、かつてレーツァ・チュム（レーツァ村の裕福な奥方）という貴族の女性が住んでいた家で、偉大なベンガルの高僧ナキ・リンチェン（サンスクリット語名ヴァナラトナ）が、牛追いに身をやつして働いたといういわれがあった。私はゾムリンタンに近いその廃墟の跡地に家を建て、由緒ある地に住めるのをうれしく思った。

十五世紀のこと、ナキ・リンチェンは、とらわれた母親の魂を解放するためにプナカにやって来た。母親の魂は一匹のカエルの中に封じられ、大岩の下にはさまれていた。この岩はド・ジャガルラム（インドの高僧の岩）と呼ばれ、今もプンツォ・ペルリ宮殿の正面にある。王子だったナキ・リンチェンは、母親の魂が苦しんでいることを夢で知り、現在のバングラデシュのチッタゴンからプナカへやって来たのだ。ナキ・リンチェンは身分を隠し、村一番の金持ちの貴婦人、レーツァ・チュムのところで牛追いとして働いた。そしてレーツァ村で夕飯を済ますと、レーツァ・チュムにも村人にも行き先を告げず、毎日どこかへ出かけていった。日暮れを待ってプナカ川に牛の皮を浮かべ、それに乗って川面を滑って対岸に渡り、ソナガサの洞窟へ通っていたのだ。そして一晩じゅう、母の魂の縛《いまし》めを解くために瞑想にふけっていた。レーツァ・チュムは自分の雇い人が毎晩いなくなることに気づくと、そのわけを知りたくなってこっそり見張っていた。そしてその行動を見て、どうもただ者ではなさそうだと思っていた雇い人が、実は菩薩《ぼさつ》にほかならないということを悟ったのだった。そんな方に残飯を与え、掃除をさせ、肥料を運ばせたことを、レーツァ・チュムは深く悔やんだ。レーツァ村のその一帯が荒れ果てたのは、おそれ多くも貴い方をそんなふうに粗末に扱ったからだと言われている。

ナキ・リンチェンは大岩を真っ二つに割り、足で押しのけ、はさまっていたカエルを引き出した。そしてカエルを殺し、母親の魂を解き放った。真っ二つに割れた大岩は、今でもそこに残っていて、その脇には聖地のしるしとして、三つの小さなチョルテンが建てられている。

この聖地の脇には、私の両親がはるばるブッダガヤから運んできた菩提樹もある。二人で巡礼に行ったブッダガヤで、あの有名な菩提樹の下に生えていたほんの小さな若木を母が持ち帰ったのだ。母はそれを経典にはさんだまま忘れていて、プンツォリンに着いてからようやく思い出した。急いで取り出してみると、若木はまだ青々していた。母はそれを鉢植えにして育て、二〇センチほどになったところで私にくれたので、私がド・ジャガルラムの隣に植えたのだ。あちらからこちらへと何度も植えかえられたのに、今では青々と葉を茂らせた立派な木になっている。

プンツォ・ペルリを建てていたある時、「ド・ジャガルラムに寺を建てるように」と夢でお告げを受けた。その翌日、明るい日差しの中この聖地を歩いていて、私はお告げに従おうと心を決めた。それは偉大な高僧をたたえるためもあるが、村の人たちのためでもあった。寺を建てれば、村人がこのさき祈りを捧げる場所ができるからだ。寺の基礎を固い岩の上に置くことにし、みなで岩に発破をかけて基礎を据える穴をあけていた時、二つの丸い泥まんじゅうが出てきた。中には白いイモ虫が一匹ずつ入っていた。私は虫を川べりに持っていって、土手に穴を掘って入れてやった。完成した寺の本堂には、グル・リンポチェ、シャプドゥン、チャクトン・チェントン(千手千眼観音)、ナキ・リンチェン、ツェリンマの像が納められた。またこの時、私は土地の守護尊、チャプジュプの彫像も作って納めた。寺の落慶法要は、六十九代ジェ・ケンポのゲンドゥン・リンチェン(一九二六―一九九七)にお願いした。

寺と言えば、私がずっと修復したいと願っていた寺が、パロに二つあった。クンガ・チュリンとサン・チュコルで、どちらも私の子供時代と深い関わりがあり、また、家族にとっても特別な意味を持つ家だ。クンガ・チュリンには、壁画や仏壇や仏像など、祖父クンガ・ギェルツェンの手になる美術工芸品がたくさん残っていた。一九二七年、祖父母が無理強いされてパロ・ペンロプのツェリン・ペンジョルに譲ったこの家は、その後、ツェリン・ペンジョルの妻の一族の手に渡っていた。また、もう一つのサン・チュコル・ゾンの方は、兄チョクレ・トゥルク・ジクメ・テンジン[28]の居城で、私たち兄弟が子供時代を過ごした家でもあったが、二度目の火事いらい廃墟になっていた。ごく最近になって堂守が焼け跡にゾンを建て直したが、それはまるで納屋のような代物だった。堂守の不注意による火事だったので、重要文化財の保護を定めた国の厳しい法律によって、堂守は刑務所に入りたくなければゾンを建て直すしかなかったのだ。私の記憶にある壮麗なゾンは、そんなみじめな代物とは似ても似つかないものだった。毎年お参りに行くたびに、そんなゾンのありさまを見て、大きく誇りが傷つき、胸がしめつけられた。ゾンには住み込みの僧もいなかった。

私はまず、私たちが育った先祖伝来の家、クンガ・チュリンを買い戻せないかどうか、当たってみることにした。とても難しい交渉だったので、どうにか話がまとまったのは、ようやく一九八八年になってからだった。姪のリンシの夫ジクミ・ティンレが、私とパロ・ペンロプの娘のあいだに入り、クンガ・チュリンの受け渡しの手はずを整えてくれた。そのとき私は、はるか昔に祖父のクンガ・ギェルツェンが言った言葉を思い出した。「家はいつか子孫の手に戻るだろう」。果たして予言は的中し、私たちが思っていたよりも早く、祖父の言葉は現実のものになったのだった。

先祖の家が戻ってきたのに大喜びして、私はさっそく修繕に取りかかった。家をできるだけ元の美しい姿に戻したかった。離れはすっかり荒れ果てていたが、本堂の方は驚くほど良い状態だった。ただ、屋根から雨漏りしていたので、そのまま放っておいたら何もかも台なしになっていただろう。家じゅうすすや塵だらけで、仏像は仏壇のわきでほこりをかぶって黴《かび》が生えていた。それを、大のきれい好きの妻が、床や窓や家のすみずみまでぴかぴかに磨き上げた。私はクンガ・チュリンに大工や人夫を連れてきて、さっそく修復作業にかかった。屋根と腐った材木を取り替え、また本堂に面した中庭には、ときどき妻と一緒に来ようと思って新しく離れを建てた。修復には一年半近くかかった。

修復された寺で盛大な落成式をした時、私はパロ・ペンロプの一族とこの先ずっと良い関係でいたいと思い、ツェリン・ペンジョルの未亡人アシ・ベダとその姪、そしてツェリン・ペンジョルの娘を祝宴に招いた。またその機会に、昔、祖父のクンガ・ギェルツェンが営んでいた、ツェリンマをたたえる三日間の法要を行なった。それ以来、この法要は毎年恒例になり、兄弟や妹たち、またその妻や夫たちの出資で、三日間の盛大な法要が営まれている。この時は、老いも若きも一族の者が集まってくる。クンガ・チュリンのこの法要は、一族のきずなを強め、先祖の遺徳をしのぶいい機会になっている。

クンガ・チュリンの修復の次は、サン・チュコルの再建だった。修復作業は非常に大がかりなものになり、クンガ・チュリンの時よりはるかに多くの時間と費用がかかるだろう。だが時がたてばたつほど、私の気持ちは強まるばかりだった。

そんな頃、中央僧院の僧侶や高僧が、陛下と王妃の正式の婚礼は一九八八年の秋に行なうのが最良である、との判断を下した。婚礼が行なわれるプナカのデチェン・ポダン・ゾン（至福の宮殿。通称プナカ・ゾン）では、何か月も前から準備が進められた。

王室の婚礼は、間違いなく私の人生最大のできごとだ。婚礼はプナカ・ゾンの神聖なデムチョ・ラカン堂で、縁起のよいラバプ・デュチェン（釈迦牟《しゃかむ》尼仏《にぶつ》降下祭）に合わせて、一九八八年十月三十一日に行なわれた。この日は、お釈迦様が天上で母君や神々にアビダルマ*を説いたあと、地上に降りてこられた日とされている。一九六九年に娘たちが初めて陛下にお目にかかったプナカ・ゾンで、国王陛下と私の四人の娘たちが正式の婚礼を挙げることは、まことにふさわしいことに思われた。このとき王位継承者も正式に定められ、第一王子のジクメ・ケサル・ナムギェル・ワンチュック殿下[51]が皇太子として立てられた。

あの婚礼の儀の一日のことは、今でもはっきり覚えている。アシ・ドルジ・ワンモ[39]、アシ・ツェリン・ペム[40]、アシ・ツェリン・ヤンドゥン[41]、アシ・サンギェ・チョデン[42]の四人の王妃陛下は、午前六時三十分にプンツォ・ペルリ宮殿を出られた。そして華やかに飾りつけられた橋のたもとで政府高官と中央僧院の僧侶に迎えられ、伝統的なチプデル行列に先導されて、プナカ・ゾンに入られた。チプデルというのは、馬に乗った人々の盛儀行列のことだ。今では馬の代わりに車で行列を作って、貴賓《きひん》が訪れた時に歓迎と敬意をあらわしたり、婚礼の行列を先導したりする。王妃陛下はしきたりにのっとって、ゾンの入り口で水と乳を、中庭でお神酒《みき》を、中庭のウツェ（ゾンの本堂）でトゥソル（聖なる供物）をそれぞれ捧げられた。そのあと急な階段をのぼってシャプドゥンの控えの間へ行き、シャプドゥン・マチェン**に礼拝なさった。マチェンの控えの間で、ジェ・ケンポのテンジン・デンドゥプ（一九二五生）大僧正猊下から、王妃一人一人に五枚の王室のスカーフが掛けられるのが、儀式の最大の山場だった。八人の王子と王女もスカーフを掛けてもらい、シャプドゥン・マチェンの控えの間で行なわれたシュクデルという儀式に同席した。

　続いて国王陛下と王妃陛下はデムチョ・ラカン堂へ移られ、ティンゴ・ケンツェ・リンポチェ（一九一〇―一九九一）猊下からツェワン（長寿の灌頂《かんじょう》）を受けられた。猊下は、当代きっての名高い学識豊かな高僧にして哲学者、執筆家、そして瞑想の大家でもあった。国王陛下と王妃陛下が玉座に着かれると、シュクデルの儀式が始まった。娘たちがティダル（即位祝いのスカーフ）を受け取るのを見て、私は感無量だった。ここに両親と祖父母がいて、この喜ばしい瞬間を一緒に見られたら、きっと夢のようなできごとに大喜びしたにちがいない。それから結婚祝いが、ティンゴ・ケンツェ・リンポチェ猊下、ジェ・ケンポ猊下、皇太后陛下、太皇太后《たいこうたいごう》陛下、妻と私、王族の方々、中央僧院の高僧、政府高官、十八県の国民代表、全国の高位高官や高僧から順番に贈られた。堂内は、手に手に婚礼祝いを持った国じゅうの貴族、官吏、高僧、国民代表であふれんばかりだった。宗教儀式が終わると、一番広い中庭で祝賀行事が行なわれた。

　皇太后陛下と王妃陛下は、王室の婚礼を見にやって来た数千人の国民のためにごちそうをふるまわれた。ほとんどの国民にとって、そんなお祭り騒ぎは生まれて初めてだった。その前にタシ・ンガソル（王室の婚礼の儀）があったのは、先代国王と現皇太后のアシ・ケサン・チョデン陛下が結婚された三十七年前のことだったからだ。国民は三日間うかれ騒いだ。踊って歌っての祝宴が、十八県のいたるところで繰り広げられた。このめでたい日を祝って、国じゅうの寺という寺で経があげられ、何万という数のバターの灯明がともされた。ティンプの北のデチェン・チュリン宮殿では三日続けて昼食会が開かれ、各国大使館や国際機関の職員、政府の官吏、中央僧院の僧侶、実業家や軍の将校らが招かれた。

　長男のサンギェは外交官として長らく海外に赴任していたが、一九八九年に帰国してからはずっと国内にいる。国外での最初の任地はニューヨークで、一九七八年から一九八四年まで国連のブータン代表部にいた。ニューヨークにいるあいだに二人の息子も生まれた。国連で働いたことで、サンギェは多様な文化や生き方に触れ、重要な国際問題にも精通するようになった。ニューヨークの次は、ニューデリーのブータン大使館に赴任した。サンギェが初めて組織の責任者になったのは、クウェート駐在の初代ブータン大使に任命された時だった。ブータンの産業振興のために、経済開発クウェート基金から長期低利の借款《しゃっかん》が受けられるよう

*――阿毘達磨《あびだつま》。経・律とともに大蔵経を構成する三部の一つ。

**――シャプドゥンのミイラ、およびそれが納めてあるお堂。

働きかけ、またブータン・クウェート両王室の親密な関係の促進に力を尽くした。クウェートから帰国すると、サンギェは通産省の長官に任命され、国に対する数々の貢献により、一九八七年には陛下より赤いスカーフをたまわった。息子が赤いスカーフ、つまり爵位を授けられたことを、私は誇らしく思わずにはいられなかった。サンギェは現在、政府の二大組織、厚生省と文部省の大臣を兼任している。[*]一九九八年夏に開かれた、第七十六回ブータン国会の無記名投票で選ばれたのだ。またロンポ（大臣）・サンギェ・ンゲドゥプは、一九九六年五月から一九九七年五月まで、世界保健機関（WHO）の理事長も務めた。

　こうした成功と幸福に恵まれたことで、寺を修復して功徳を積みたいという私の思いはいっそう強くなった。特に王室の婚礼以来、サン・チュコルを再建したいという思いはとみに高まっていた。さらに、サン・チュコルに行った時に不思議な体験をして、私ははっきりと決意を固めた。それは年に一度のお参りで、いつものようにトルマ（米粉を練って作る儀式用の供物）と食べ物をお供えした時のことだ。お供え物の近くに、二羽のカラスが飛んできた。ブータンでは、カラスが来るのは諸尊が供物を受け取ったしるしと考えられている。私は芝地に立つチョルテンにもたれて、カアカアと鳴く二羽のカラスを眺めていた。ご先祖様がここに住んでいた頃のように、カラスが毎日こうしてお供え物を食べに来るようになったらどんなにいいだろう、と私は思った。カラス、お供え物、読経の声……古い記憶がひとつひとつよみがえって、心はいつしか、サン・チュコルで両親や祖父母や兄弟たちと一緒に過ごした、はるか遠い子供時代に帰っていた。一人でチョルテンにもたれ、物思いにふけっているうちに、私はだんだん眠くなってきた。うつらうつらしていた時、「ゾンを建て直すように」という声が聞こえた。それは自分自身の心の声だったのかもしれない。だが目覚めた時、気持ちははっきりと固まっていた。心が決まると、力が湧いてきて幸せな気分になった。

　パロから戻ると、すぐに弟のレンケ[32]のところへ行って、ゾンの再建に力を貸してくれるよう頼んだ。レンケは私の計画にすっかり乗り気になり、費用を半分出すと言ってくれた。弟はサン・チュコルで生まれただけに、ひときわ強い思い入れがあったのだ。私たちは相談して、お互いに一週間ずつ交代でサン・チュコルへ行き、現場監督をすることにした。毎週、レンケと私のどちらかが、サン・チュコルまでの険しい山道を登っていった。山登りだけでも、六十代の私たちにとってはひと苦労だった。

　そのうえ、金を払っても人夫はほとんど集まらなかった。ブータン全土で労働力が不足していたからだ。サン・チュコルはブータン最後のデシ(摂政)にしてダルマ・ラージャ(法王)の居城だったのだから、政府に訴えれば国の夫役《ぶやく》を振り分けてくれるかもしれない。そこで内務大臣のタムシン・ジャカルのところへ行って、作業の人手が足りないと言うと、大臣は「あなたと弟さんが私財を投じてゾンを再建するとおっしゃるのなら、もちろんグンダ・ウラ**を割り当てましょう。これはあなた方個人の問題ではなく、国の史跡の再建なのですから」と言って、大変力になってくれた。大臣はパロ県全戸に、ゾンの再建が終わるまで働き手を出すように、とのお触れを出してくれた。

レンケと私は、製材の仕事をパロの業者に発注した。ところができあがった材木は、注文したサイズより小さくて、天井にしか使えなかった。業者が信用できないので、私たちは二人で、パロのドプとチュツォツェ尼僧院の近くの森から木を切り出してきた。それを一年寝かせてから、ちょうどいい大きさにけずり、乾燥させておいた。ツェントの村人は一番体力があり、頼りになる働き手だった。だが若い男たちは、泥壁を突き固めている娘たちにちょっかいを出して仕事のじゃまばかりしていた。まじめに仕事をさせておくのはひと苦労で、注意したり説教したりの繰り返しだった。そんなふうにして、ちょうどウツェ(ゾンの本堂)の骨組みができた時、タムシン・ジャカルが亡くなった。夫役の人たちが引き揚げてしまったので、作業は中断せざるをえなかった。そこで私は宗務《しゅうむ》委員長のリンジン・ドルジに会いに行った。リンジン・ドルジは、この重要なゾンの再建に今まで通りの協力を約束し、さらに工事が無事終わるよう、六十万ヌルタムの予算をつけてくれた。

完成したウツェの二階には、王妃たちの資金援助で作られた、ご本尊のグル・リンポチェ像が安置された。真鍮《しんちゅう》製の仏具は、妻の叔父クショ・ツェチュの厳しい監督のもと、カトマンドゥで作られたものだ。仏像の頭や手には、ブータンの銀細工師によって見事な細工がほどこされた。また祖父クンガ・ギェルツェンの兄タチュ・ペマの孫、つまり私のまたいとこに当たるゼポン・ワンチュクも、サン・チュコル再建に大いに乗り気で、いろいろな面で手助けしてくれた。像のスン(仏像の胎内奉納物。経典、宝物、高僧の遺骨、聖宝、骨董品等)は、のちに七十代ジェ・ケンポになったダビ・ロポン(中央僧院の要職)のトゥルク・ジクメ・チュダ(一九五五生)の手で納められた。グル・リンポチェ像に入れられたスンは、私たち家族が亡命のたびに

*——二〇〇四年現在、農業大臣。
**——毎年、各戸から十五日間、国に労働力を提供する制度。現在は廃止された。

持ち運び、その後、ノプガンの親の家に大切にしまわれていた先祖伝来の貴重な品々だ。私たち家族が奉納したそれらの聖宝の中には、シャプドゥン・ンガワン・ナムギェルの手跡のついた石や数珠などもあった。グル・リンポチェの祭壇の脇には、守護尊ダムチェンもまつられた。またイェシェ・グンポ像のスンとして、シャプドゥン・ンガワン・ナムギェル作のコルロ・ドム像が納められた。

また、三階の大きい方の仏間には、歴代チョクレ・トゥルクがまつられることになった。シャプドゥン・ンガワン・ナムギェルの像を真ん中にして、両側に歴代チョクレ・トゥルク六人全員の像が安置され、像の前の台には、それぞれのチョクレ・トゥルクが使っていた仏具が供えられた。先祖伝来の宝物が、これでようやく安住の地を得たと私は思った。三階のもう一つの仏間には、ツェリンマがまつられた。この仏間には、壁全体に金の壁画が描かれている。これは当代きっての絵師が数人がかりで描きあげた傑作だ。壁画や仏像の装飾のために、私たち一族はかなりの量の金を寄進した。サン・チュコルには仏教研修院が設けられ、二十五人の僧侶が研修員として入った。初代院長には、ハのルスカのロポン(僧侶の敬称)・リンジン・ワンチュクが就任した。研修員の数は今では五十二人になっている。

ブータン暦の聖四月十五日(一九九一年五月二十八日)、六十九代ジェ・ケンポのゲンドゥン・リンチェン猊下によって、サン・チュコルの落慶法要が営まれ、なんと国王陛下が、王妃や王子、王女とともにご来臨くださった。三日間の儀式の最終日、私は陛下から、栄えある赤いスカーフをたまわった。夢にも思わなかったような大変な名誉だ。私はその前の日に、陛下の侍従を通じて、特別に剣、赤いスカーフ、絹のゴ、美しいブーツという立派な衣装をいただいていた。しかも、翌日それを身につけるように、というお話だった。私は面食らってしまった。お国のために、自分が特に何をしてきたというわけでもなかったからだ。陛下がこのようにもったいない贈り物をくださったのは、ゾンや寺を再建した私への、サン・チュコル・ゾンのグル・リンポチェの仏間で陛下の下座につき、赤いスカーフをたまわった。子供たちや孫たちは大喜びで、口々にお祝いを言いながら、祝福と幸運のしるしの白いスカーフを掛けてくれた。

第17章 神の鷲の飛ぶ地

長男のサンギェ[38]に続いて、次男ウギェン・ツェチュプ[43]も一九八八年にセント・ステファンズ・カレッジを卒業した。次男が大学を終えると、私はさっそく事業の後継者として鍛えはじめた。私はそろそろ引退しようと考えていて、自分の手がける最後の建物——プナカで最初の観光客向けホテルの建築に力をそそいだ。ホテルは、ウギェン・グル・リンポチェの宮殿にちなんでサンド・ペルリ（銅色に輝く吉祥山）と名づけた。*ブータンのホテルが満室になるのはごく短い観光シーズンだけということを考えれば、巨額の建設資金を回収するにはかなりの時間がかかるだろう。しかし、私はブータンの観光業界には将来性があると信じている。

ホテルの建設現場はゾムリンタンの近くだったので、工事を監督するのは楽だった。一九九一年以降、私はだんだんプナカ川のほとり、ゾムリンタン（レーツァ）の田園に建てた新しい家で過ごすことが多くなっていた。妻と私は隠居したような静かな暮らしに入り、少しずつ昔のように畑仕事も始め、季節のうつろいに合わせた生活をするようになった。米、野菜、果物を作り、乳牛も飼った。年をとった私たち夫婦には、ゾムリンタンの静かな環境が肌に合っている。

プナカに立派なホテルを建設するため、私はプナカ川の穏やかな流れを見下ろすヲロカ周辺の土地を買った。土地の名は、ヲラ・ドゥプという、ホテルの建設現場あたりに住んでいた人物の名に由来している。ヲラ・ドゥプは十五世紀の聖者ドゥクパ・クンレ（一四五五—一五二九）の頃の人で、この偉大な聖者の信者だった。いつもドゥクパ・クンレから教わった経文を唱えていたが、経文はみだらな言葉だらけだったので、家族は恥ずかしがった。そこで家族は家の外に小屋を作ってヲラ・ドゥプを住まわせ、わいせつな経文を日夜唱えても恥ずかしくないようにした。ところがある晩、経文を唱える声がやんだ。妻と娘が何かあったのかと見に行くと、驚いたことにヲラ・ドゥプはかき消えていて、いつも座っていた場所に着物が落ちているだけだった。その時、天からヲラ・ドゥプの声が聞こえた。「お前たち、恥じる者はそこにいるがいい。恥じない私は天へ行

*—グル・リンポチェは、天上の楽園であるサンド・ペルリという宮殿にいるとされている。

く」。ドゥクパ・クンレによれば、恥ずかしいという気持ちを捨てることが自我から解放される道なのだ。ドゥクパ・クンレと遠縁のンガワン・チュギェル（一四六五―一五四〇）は、西ブータンに多くの史跡を残しており、私のホテルから少し南に行ったところにも、ンガワン・チュギェルが建てたチメ・ラカンという寺がある。ノプガンにいた頃は、義母のウゲー・デム[20]がよく娘たちをこのチメ・ラカン寺に連れて行った。寺には木の男根、弓矢などドゥクパ・クンレゆかりの品々があり、子供に恵まれない夫婦がご利益を求めてお参りに来ることが多い。

ヲロカの土地を買う二年前、私はペンジョル・ギェルツェンから経営難に陥っていた木工品製作所を買い取っていた。この製作所は、ホテルを建設するのに非常に役に立った。材木や建具、家具をここで作ることができたからだ。

サンド・ペルリの建設現場で人夫に交じって働くのは楽しく、私は基礎を掘る手伝いまでした。他の経営者たちと違って、私は肉体労働をすることに抵抗がない。現場で得た知識と経験は、事業を運営する上で強みになったと思う。製材であれ建設であれ小売りであれ、実務レベルのことに通じているからだ。子供たちからは、年を取り糖尿病をわずらってからは特に、肉体労働はやめてくれとよく言われた。けがでもしないかと心配だったのだろう。だが健康のためにも、太りすぎを防ぐためにも良かったと思う。兄弟や妹たちに、晩年の太った父に似てきたと言われていたのだから。

サンド・ペルリの本館は四階建てになっている。中庭を囲んで七つの別棟があり、それぞれに二部屋ずつ入っている。全体に小型のゾンのような雰囲気だ。要望が多かったので、のちに会議場も増築した。サンド・ペルリ・ホテルの建設には一年（一九九三～九四年）かかった。わが国では珍しいプールを備えた初めてのホテルでもある。暑い日には、プナカやワンディ・ポダンから涼みに来るのにもってこいだ。

一九九三年、妻と私は娘のアシ・サンギェ・チョデン王妃[42]がユフェルマ・チョデン王女[55]を出産するのに付き添って外国へ行った。一九九四年には、アシ・ツェリン・ペム王妃[40]がウギェン・ジクメ王子[50]を出産するのについて、また外国へ行った。これで私たち夫婦の孫は、王妃たちの子供だけで王子が五人、王女が五人になった。末娘のソナム[45]も一九九二年に男の子を産んで母親になり、孫は今では合わせて二十三人にもなる。つい最近、孫の一人に男の子が生まれて、私たちはとうとうひいおじいさん、ひいおばあさんになった。

事業を経営しながら寺を建て、さらに家長としての責任を果たす生活をしていては、長い間やりたかったことを実行に移すひまがなかった。そこで一九九五年、七十歳（ブータンの数え年で七十一歳）になったのを機に、私はきりのない仕事から退いて瞑想の日々に入ることにし、パン・カルポ僧院の下手の、両親が持っていた隠居所に手を入れた。いずれ長い瞑想に入るつもりだったが、まずは短いものから始めることにして、パン・カルポ僧院で一か月瞑想した。精神の修養になる、とても有意義な時間だった。夜明け前に起き、夜遅くまで、自分のラマに指示された回数の五体投地と祈りを繰り返した。

一か月という短めの瞑想修行を終えた時は、もっと続けられないのが残念だった。だがブータン暦四月の終わりには隠居所を出て、五月の回忌法要に出席しないといけなかった。サンチュコル・ゾンではチョクレ・トゥルク・イェシェ・ンゲドゥプ[2]と私の兄チョクレ・トゥルク・ジクメ・テンジン[28]のクチュ（回忌法要）、クンガ・チュリンでは年に一度のツェリンマの法要があるのだ。

国王陛下は、シャプドゥン・ジクメ・ドルジ[27]の高さ七〇センチの黄金の像を作り、タロ・ゾンのマチェン・ラカンにまつるようお命じになった。マチェンとは、ミイラあるいは聖遺物のことで、このお堂には三代目「意」の化身、シャプドゥン・ジクメ・ダクパ（一七九一―一八三〇）、五代目「意」の化身、シャプドゥン・ジクメ・チュギエル（一八六二―一九〇四）のミイラがあることで有名だ。シャプドゥン・ジクメ・ドルジは私の母アシ・ドルジ・オム[25]の弟なので、亡き叔父をたたえようというこの勅命に家族や親類はわき立った。立派な像はすでにできあがって、タシチュ・ゾンからタロへ運ばれるばかりになっていた。

ティンプに冬がやって来た一九九五年十一月二十三日、シャプドゥンの像は、六十九代ジェ・ケンポのゲンドゥン・リンチェン猊下や中央僧院の僧侶が、冬の住まいのプナカ・ゾンに向かう際に一緒に運ばれた。一行は夜明けよりだいぶ前にタシチュ・ゾンを出発した。ゾンの中で銅鑼《どら》、ジャリン（儀式用チャルメラ）、管楽器、太鼓による法要音楽が奏でられ、プナカに向かう一行を送り出した。ティンプの谷にはまだ日が昇っておらず、あざやかな黄衣をまとったジェ・ゲンドゥン・リンチェン大僧正猊下は、脇についた若い僧に支えられてタシチュ・ゾンの階段を下りられた。以前は三日かかっていた行程も、自動車道ができた今では半日かからない。一行はドチュ・ラ峠で休憩して熱いスープを飲んだ。その頃には眼下の谷に重く垂れ込めていた雲や霧も晴れ、雪をかぶった山々に日の光が当たっていた。一行はなかなか前に進めなかった。沿道に集まった人々が、シャプドゥン・ジクメ・ドルジの像を拝ませてくれと言って、しょっちゅう車を止めたからだ。

私と弟のレンケは、妻や友人たちといっしょにプナカの新しい橋のたもとで像を迎えた。そこで集まった人々が拝めるよう、像を下ろしてしばらくのあいだ天幕の中で開帳した。その後、僧団はプナカ・ゾンへ入り、像を運ぶ一団はタロへと向かった。

私は新築のサンド・ペルリ・ホテルのロビーで、像の拝受の儀を行なう手はずを整えていた。儀式のあいだ、像はいったん特製の厨子《ずし》におさめられた。タロへ向かう途中の道で、ワンチュク兄さん[29]、妹のシェカ[35]とナムギエ・オム[36]が、ノプガンの村人と一緒に迎えてくれた。みんな一番の晴れ着に身を包み、道沿いには食べ物や、果物、花などのお供え物が並べてあった。人垣の前では杜松《ねず》が焚かれ、うっとりするような香りがただよっていた。かぐわしい煙は人々のあいだを流れ、シャクナゲや松の木の上に昇っていった。誰もが像を一目見ようとつめかけ、敬意と信心のしるしに賽銭を置き、像の足元にひれ伏した。丘の上の僧たちが楽器を奏でる中、歌い手や踊り手、官吏、僧、村人の先導で、像を載せた輿はゾンに入っていった。

シャプドゥン・ジクメ・ドルジが六十四年ぶりにタロへ戻ってきたことの意味は大変に重く、私は深い感慨に打たれた。兄弟や妹たちも皆、同じ思いだったようだ。中でもワンチュク兄さんは、叔父と過ごしたさまざまな思い出が胸にあふれ、感無量といった面持ちだった。タロ村の最長老アム・カカムは、喜びと悲しみで胸がつまって泣きくずれた。涙にぬれた顔を上着（テゴ）の袖でぬぐいながら、彼女は言った。「なんだか、シャプドゥンがおられた十六の頃に戻ったようですよ。シャプドゥンはよくゾンのあちこちを歩き回っておいででした。長い年月を経て、ようやく私たちのシャプドゥンが帰ってきてくださったような気がします」

ブータン暦十月二日（西暦一九九五年では十一月二十六日に当たる）は、シャプドゥン・ジクメ・ドルジの命日だ。一九九五年のこの日は、シャプドゥン・ジクメ・ドルジが一九三二年十一月十一日の夜、二十六年の短い生涯を終えてから六十四回目の命日だった。国王陛下と王妃陛下のご一行は十一月二十六日、像の奉納の儀の朝に、タロ・ゾンへご来臨された。丁重なお迎えの行列が国王一行を先導し、そのあとに、ゾンの僧侶やタロの村人が一列になって続いた。そしてゾンの本堂マチェン・ラカンで、ジェ・ゲンドゥン・リンチェン猊下、中央僧院の高僧、王族のご臨席のもと、盛大な儀式が営まれた。シャプドゥン・ジクメ・ドルジの像を中央にして、国王陛下とジェ・ゲンドゥン・リンチェン猊下がその両脇の玉座に着かれた。玉座は祭壇に面して、仏間の反対側に置かれていた。僧たちの低い読経のなか、皇太子ダショ・ジクメ・ケサル・ナムギェル・ワンチュック殿下[51]が、国王陛下の身・口・意が御代《みよ》とこしえに栄えることを願い、ク・スン・トゥクテン（仏・法・僧を象徴する供物、すなわち仏像、経典、小型の仏塔）を供えられた。皇太子殿下がこの役目を立派に、とどこおりなく果たされたことを私は大変うれしく思った。そのあと大僧正猊下、僧侶、官吏、シャプドゥン・ジクメ・ドルジの子孫が、それぞれ陛下にビュルワ（感謝の捧げ物）を捧げ、玉座の前にひれ伏した。シャプドゥン・ジクメ・ドルジの子孫は、全員が国じゅうから駆けつけ、中にははるばる東ブータンから出てきた者もいた。この奉納の儀式は、私たちシャプドゥンの親族にとってまるで夢のような栄誉だった。国王がかつてタロを訪れたことはなかったし、また黄金の像を贈るというのは特別な信仰、敬意、感謝をあらわす行為だ。私たちは陛下への深い感謝のしるしとして、心からの忠誠と親愛をあらわす白い絹のスカーフを差し上げた。

シャプドゥン・ジクメ・ドルジに供えるツォ（食事）は、王家が用意して捧げ、国王陛下は納められたばかりのシャプドゥンの像にスカーフを掛けられた。一九九〇年に陛下が奉納されたシャプドゥン・ンガワン・ナムギェルとその転生者のトンドル（巨大な絹の軸装アプリケ仏画）が、この日を祝って開帳された。タロ・ゾンの本堂の壁は、トンドルに覆われて一面巨大な仏画になった。そして祝賀行事が、タロ・ゾンの裏手の、背の高い糸杉に囲まれた広場で行なわれた。谷じゅうの人が祝いに集まり、笑いと陽気な騒ぎに満ちた最高の一日だった。タロ・ツェチュ祭のようだったが、国王陛下のご来臨の栄に浴したことで、ずっと重みのある、記念すべき日となった。陛下は村人に交じって、緊張をほぐそうと気さくに冗談を言って笑わせたり、悩みごとを聞いたりなさっていた。王室から人々に豪華な食事がふるまわれ、みんな仮面舞踏を見たり民謡を聞いたりして大いに楽しみ、ふらちな悪ふざけをするアツァラ（道化）に笑い転げた。

この間、空はみごとに晴れ渡り、めでたいことこの上なかった。大きな広場にさんさんと日差しが降りそそぎ、時折そよ風が吹いて王室用の天幕をはためかせた。天幕からは、ワンディ・ポダン谷の肥沃な土地と景色が一望のもとに見渡せた。シェガナ、パンユガン、ルベサ、ティンレガンの向こうにそびえる高い山々は、午後の明るい日差しをあびて、いっそう清らかに美しく見えた。しかし何より胸が高ぶったできごとは、大勢の人々が見ている中で、五羽の鷲《わし》がタロ・ゾンの上をまるで飛行ショーのように三回めぐり、はるか遠くの山々の頂へと優雅に飛び去ったことだった。これは偶然ではあるまい。祝典の真っ最中に突然あらわれて消えたこの鷲には、必ず意味があるはずだ。ジェ・ゲンドゥン・リンチェン猊下も、この吉兆には特別な意味がある、とおっしゃった。私たちは皆、あの五羽の鷲はタロの守護尊クントゥ・ザムの五変化相、ギェプ・ク・ンガだと信じ、感慨に打たれた。夕方になって糸杉が広場に長い影を落とす頃になると、祝典につどった者は皆、国王陛下や王家の方々も一緒になって、声を合わせてタシ・レベ(吉祥歌)を歌った。人々はあちこちで輪を作り、夕陽を浴びながら、歌が終わるまでぐるぐると回って踊り続けた。

国王陛下は、ラム・ジクメ・センゲが一四一九年に建立したタロ・ゾンを修復するよう、命を下された。この修復工事はすでに始まっている。タロまでの自動車道が開通し、さらに一九九七年六月二日、タロとノプガンに電気が引かれた。電線はタロの景観をそこなわないよう地中に埋め込まれた。スイッチを入れる栄誉は私に与えられた。「夜から昼へ、闇から光へ。さらなる繁栄がここに始まった」。これが、詩的な言い回しが好きな村人たちみんなの感想だった。

第18章 黄昏の金色のかすみの中で

私は特権階級の家に生まれ、上等の服を着て使用人にかしずかれ、壮麗なサン・チュコル・ゾンで幼い頃を過ごした。ブータン最後のデシ（摂政）にしてダルマ・ラージャ（法王）、チョクレ・トゥルク・イエシエ・ンゲドゥプ[2]の血筋だったために、普通の子供より格段に恵まれた環境で育てられた。父の結婚相手がシャプドゥン・ジクメ・ドルジ[27]の姉、アシ・ドルジ・オム[25]で、生まれた子供、つまり私の兄のジクメ・テンジン[28]がチョクレ・トゥルク・イエシエ・ンゲドゥプの化身だったことから、私の一家は社会的にも宗教的にも重要な位置を占めるようになった。ブータン人が菩薩*と信じるシャプドゥンの、「意」の化身と「口」の化身、両方の親族になったからだ。

私たちは物質的に恵まれていただけでなく、温かい愛情、特に母と祖母ンゲドゥプ・ペム[8]の深い愛情に包まれて育った。また、祖父のクンガ・ギエルツエン[7]（通称ツァム・ゴ・セプ）は、私たちに一流の伝統的学問をたたきこみ、ラム兄さん（ジクメ・テンジン）が最高位のラマにふさわしい人間になるよう鍛えあげた。祖父は孫たち、特にラム兄さんを厳しく教育したので、ラム兄さんは仏教や哲学の深い素養を身につけた。

しかし、その後の人生には苦しい試練が待ち受けていた。私が六歳の時、叔父のシャプドゥン・ジクメ・ドルジが暗殺されると、家族の運命は暗転した。チベット、シッキム、インドに亡命し、ブータン国内を転々とし、流浪の生活を強いられた。

私たち子供は、厳しい環境の中で育つことになった。何度も貧困と絶望のどん底に突き落とされながら、家長だった祖父クンガ・ギエルツエンの知恵と、兄チョクレ・トゥルク・ジクメ・テンジンへの信仰だけをよりどころにして、家族はたび重なる危機を乗り越えてきた。家を奪われ、先祖伝来の家宝を失い、離ればなれになり、長いあいだ国外で暮らし、何度も底知れない不安にさいなまれたが、決して希望を失わず、必ず立ち直り、気概を持ち続けた。つらい出来事のさなかにも――小さな妹をゼレ・ラ峠で鳥葬にした時も、ラム兄さんや妹のシェラ・ペム[34]が若くして亡

*―悟りを開いているが、衆生の幸福のために転生を繰り返している存在。

くなった時も――私は決して信仰をなくさなかった。

　私は家族が辛酸をなめたことでいろいろなことを学び、それが今の自分を作ったと思う。ただ、私はいつも心穏やかだったし、若い頃につらい目にあったことも運命だったのだと思っている。誰のことも恨んではいない。人の行為など、隠れていたもっと大きな運命の流れを浮かび上がらせる、ただの偶然のきっかけに過ぎないのだ。いま振り返ってみると、あの頃の苦労は十分すぎるほど報われた。商売や事業で成功することができたし、それ以上に、いくつか寺を再建し、たくさんの法要を営むことができて心が満たされている。

　私は古いブータンの最後の時代を生き、この国が文化と伝統の良い面を残しつつ、近代国家へと脱皮していくのを見てきた。私がのぼってきた人生の階段――牛馬を引いての行商、雑貨商、材木商、製材業、土建業、ホテル経営、建設会社経営――それが、そのまま国全体の発展を映している。生き残って成功することができたのは、運もあったし、努力の結果でもある。経歴を見ると、私が事業で華々しく成功して、巨万の富を築いたように思えるかもしれない。だが実際には、どの会社も実にささやかなものだ。私はこの国が古い伝統から新しい時代に向かう変化の先端に、自分なりのやり方でついてきただけだ。私の人生は、チャンスさえつかめば誰にでも、経済的に成功する可能性が開かれていたことの証《あかし》でもある。ただ、チャンスは見える者にしかつかめない。私は機を見る能力には恵まれていたと思う。その能力と決断力がなければ、今の自分はなかっただろう。事業が成功したのは、何度も失敗しながら、何十年も努力を積み重ねてきた結果だ。私が一夜にして成功したなどと思うのは大きな間違いだ。ほかの多くの事業家も私も、政府がやる気のある者すべてに提供していた場と機会を利用して、ゼロから始めた人間ばかりだ。厳しい旅だったが、私はこの長い道のりを、私の国とともに歩いてきたのだ。

　あのうららかで美しいタロの祭りの日に、初めてトゥジに会ってからもう五十年になる。どれだけ月日が流れても、出会った時の喜びはまったく色あせていない。結婚して四十七年、私はずっと幸せだった。トゥジはいつでも私をはげまし、支えてくれた。何より、人生は複雑で不確かなものだというその現実的な感覚のおかげで、私はいつも的確な判断をすることができた。人生で大小さまざまな責任を私と分かち合ってくれた、最愛の良き伴侶だ。だが九人の子供を育て上げた分、トゥジは私より重い責任を背負っていた。彼女は申し分のない母親で、子供たち一人一人にこまやかな目配りをし、おかげで家族のあいだには非常に強いきずなが生まれた。子供たちはトゥジと私にとって最大の喜びで、どの子のことも誇りに思っている。

一九九七年四月、私たちはひいおばあさんとひいおじいさんになった。長女のベダ[37]の息子トプギェに子供が産まれ、何とベダがおばあちゃんになったのだ。二つの世代を見送り、三つの世代を迎えて、自分が老いたとしみじみ感じることがある。祖父母を覚えているこの私が、初ひ孫を見るほど長く生きているのだから。

また、外国にも旅行して、考えもしなかったようなことをいろいろ見てきた。海や陸の上を飛んで、一昼夜かからずニューヨークに着けるとは、ひと昔前には想像もできなかったことだ。ブータンからニューヨークまでの飛行時間は、三十年前、プナカからティンプまで歩くのにかかった時間とほとんど変わらない。だがどこへ行っても、私は自分の祖国ほどよいところはないと思っている。進んだ国をいろいろ見てきたが、やはり私はブータンを、そして自分がブータン人であることを誇りに思う。この国の風景、人々、文化を、私は心から愛している。

この四十年で、ブータン人の生活水準は飛躍的に向上した。暮らしは楽になり、人々は貧しさから解放され、希望を持てるようになった。二十五年にわたるジクメ・センゲ・ワンチュック陛下の治世は、ブータンにかつてない繁栄をもたらした。これは国と国民に対する、陛下の深い愛情と、自己犠牲と、献身のたまものだ。経済、文化、行政、外交の各方面で、陛下みずから手がけられたことは枚挙にいとまがない。また、陛下は清貧そのもののお方で、ふだんは実に質素で地味な暮らしをしておられる。自分の娘たちがこの生まれながらの偉大な国王の王妃だということを、私はこの上なく名誉なことに思っている。慈悲深い国王のご指導のもと、ブータンがこれからも平和で豊かであることを願い、祈っている。また将来、お世継ぎのジクメ・ケサル・ナムギェル・ワンチュック皇太子が、深い英知と天分に恵まれて、この国と国民を導いてくださるよう祈っている。

これまで仏道に帰依するうちに、多くの高僧とめぐり合う機会に恵まれた。中でも、一九九七年四月十八日に七十一歳で亡くなられた、六十九代ジェ・ゲンドゥン・リンチェン師の知遇を得られたのは、大変ありがたいことだったと思う。師はサン・チュコル・ゾンとド・ジャガルラム・ラカン寺の落慶法要をしてくださった。すぐれた学者、執筆家、哲学者でもある師は、寅《とら》の年(一九二六年)にパロのタクツァン僧院近くの洞穴で生まれたため、いつも人からゲシェ・ジャプ(洞穴の先生)と呼ばれていた。

師が亡くなられた時のできごとは、一九九〇年にブータンの大僧正になられた時と同様、あらためて師に対する尊敬と信仰の念を深めるきっかけになった。というのも、師が亡くなられた九日後、ティンプにのぼった太陽と月に、虹の暈《かさ》がかかったのだ。私はプナカのゾムリンタンにいて、ティンプの娘からの電話で空を見上げた。確かに、太陽のまわりに虹がかかっていた。その虹を見て、私は一九四九年に兄のチョクレ・トゥルク・ジクメ・テンジンが亡くなった時にも、同じ瑞兆があったことを思い出した。不思議なことはそれだけではない。師の亡骸は、何の防腐処置もしていないのに、普通なら進むはずの腐敗がまったく進まず、きちんと背筋を立てて足を組み、瞑想の姿勢を保っておられた。毎日、熱心な信者がやって来ては、師の足元にひれ伏して拝んでいった。師の聖なるミイラ(クドゥン)は、今もまったくそのままの状態で、信仰の対象として尊ばれている。

昔、家族が質素な暮らしを強いられていたので、私は今でもぜいたくや、何もせずぶらぶらしていることが好きではない。七十を過ぎた今でも、ノプガンの畑で野良仕事をするのが性に合っている。妻と私は、ノプガンの家を長女のベダに譲ることにした。子供たちの中で一番上のベダは、この家に強い思い入れがある。きっと、チョク(法要)をきちんと受け継いでいってくれるだろう。学生の頃、冬の休暇で帰省するたびに、ベダは毎日食事を作ったり、牛の乳しぼりをしたり、外の木の樋《とい》から水をくんできたりと、一人で立派に家事を切り盛りしていた。妹たちも一所懸命、姉さんの手伝いをして、よく森に行って薪を拾ったりしたものだ。

ついこのあいだノプガンに行き、一番大きい畑に穴を掘って、日本の柿の苗を百本植えてきた。猪や鹿や熊などが入らないように、人夫と一緒に畑のぐるりに木の杭を打ち、有刺鉄線をめぐらした。朝からずっと仕事をしていて、昼を過ぎたのでひと休みすることにした。鋤を置いて、柿の苗木が一面に植わった畑の下半分を見渡した。

ちょうどいい頃合いだと思い、昼休みにして、ゾムリンタンから持ってきた弁当を食べることにした。人夫たちは樫や栗の木陰に入って弁当を広げ、私は畑の端の木の下でごろりと横になった。谷の向こう側には、シェガナの緑の谷と後ろの山々が、明るい日差しの中にそびえていた。寝ころんで上を見ると、畑はまるで空のかなたまで広がっているように見えた。

ふいに、サムドゥプおじさん[21]と一緒にトウモロコシを植え、熊に荒らされないように見張っていた時のことが鮮やかによみがえった。見張りの交代に畑へ行くと、サムドゥプおじさんは経を唱え、数珠をつまぐりながら、シェガナの向こうの空が白み始めるまで寝ずの番をしていた。私が見張りの時は、番小屋の中でつい眠ってしまい、たいてい熊にしてやられた。もしサムドゥプおじさんが今ここにいたら、私がこうして畑に柿を植えているのを見て、きっと喜んでくれることだろう。

そういえば、妻が愛情を込めて作ってくれた弁当がまだだった。赤い布で包んだ保温ジャーから、赤米とトウガラシとカレーの匂いがただよってくる。そこでまた、心がたちまちはるか遠い昔の日々へと引き戻される。

木陰でいつしかすっかり思い出にふけっている私の耳に、アム・ウゲー[20]がお昼ができたと呼ぶ声がよみがえる。台所の窓から顔を出して、「ねえサムドゥプ、ねえアル(子供の意)、お昼ができたわよ。サムドゥプ、アル、ご飯よ」と呼ぶ優しい声。それでおじさんと私は、ウゲー・デムがご機嫌なのだと分かる。機嫌が悪いと、サムドゥプ・ノプ、ウギェン・ドルジときっちり名前を呼ぶからだ。サムドゥプおじさんと私は、すぐに用水に行って手足を洗う。サムドゥプおじさんが言う。「急いだ方がいいぞ。きっともう料理が並んでいるよ」。私たちはかまどを囲んで、赤米、牛肉、野菜カレー、バターミルクの昼食をとる。娘のベダは私の膝の上、赤ん坊のサンギェはサムドゥプおじさんの膝の上だ。トゥジがみんなのお椀にご飯を山盛りにし、別の椀にカレーをなみなみとよそう。私にバターミルクを注ぎながら、トゥジが聞く。「サムドゥプおじさん、あなた、トウモロコシの種まきは今日じゅうに終わりそうなの」。私たちが答える前に、アム・ウゲー・デムがさっさと仕事の予定を決めてしまう。「アル、二人で今日じゅうに種まきを終えるのよ。明日はまた別の仕事があるの。人を三人頼んであるから、一緒に枝を集めて垣根を直してね」。サムドゥプおじさんは、いつでも優しく素直な夫だった。「晩まで仕事して、肥《こえ》やりと種まきを済ますよ。今夜は月が出て明るいだろうからね」。まったく、人一倍働き者のおじさんらしい言葉だ。おじさんはバターミルクをごくりと飲み干すと、小さなサンギェにもちょっぴりなめさせてやる。そしてすぐ、サムドゥプおじさんと私は、種まきがまだ半分しか済んでいない畑に戻るのだ。四か月後の刈り入れの時期を迎えた畑で、大きく育ったトウモロコシが、たわわに実をつけている光景を思い描きながら。

小鳥がついと目の前を飛んでいって、ふと我に返った。栗の木の下で思い出にふけっているあいだに、陽はすっかり西に傾いてタロの方へ近づき、木々が畑に長い影を落としている。強い風が吹いてきて、弁当を包んでいる赤い布がぱたぱたとはためいた。私はもう少しこのまま、黄昏《たそがれ》のやわらかい金色のかすみの中で、横になっていることにした。

監修者あとがき

本書の原本は、一九九七年に、ティンプで私費出版され、その二年後一九九九年に改訂版が、ロンドンのセリンディア社から出版された。私は、私家本を、出版直後王妃から贈呈され、一気に読み終えた。その時の喜びは、今でも記憶に新しい。ブータンの歴史を研究しはじめてから、既に二十余年経っていたが、心地よい開放感を味わったのはその時がはじめてであった。

どの民族の歴史にも言えることであろうが、長い年月の間には、後世の歴史家にとって、民族的感情から「隠しておきたい」恥部がかならずある。英語で、Each family has a skeleton in the cupboard（どの家庭にも、外聞をはばかる秘密がある）と言うが、ブータンの場合その一つは、二代国王ジクメ・ワンチュック（一九〇五―一九五二、在位一九二六―一九五二）によるシャプドゥン・ジクメ・ドルジ（一九〇五―一九三一）の暗殺である。

「第3章　若きシャプドゥンの死」で、本書の語り手であるヤプ・ウギェン・ドルジは、

「率直に言おう。私は叔父シャプドゥン・ジクメ・ドルジの死の真相を知っている。だがこれまで人に話したことはなかった。死因は心臓発作とも、自殺とも言われている。ブータン人ならたいていシャプドゥンが暗殺されたことを知っているが、それが公に認められたことも、ましてや書物に記されたこともなかった。この微妙な問題をこのままそっとしておいた方がいいのではないかと、私は長い間とても悩んだ。だが今なら、真実を明らかにしてもいいだろう」（34頁）

と記している。たしかに、勇断である。しかし、これは父が娘に真相を語り伝える決断である。厳密な意味での「公表」の決断は、語り手の父ではなく、聞き手の娘、本書の著者アシ・ドルジ・ワンモ・ワンチュックである。

著者は、「序文および謝辞」（2頁）で、

「この本で初めて公にされる国家的事件も多々あります。例えば、若きシャプドゥン・ジクメ・ドルジを死に追いやることにな

った事件のいきさつも、本書で初めてありのままの事実が語られます。これは今まで、ブータンの歴史の中でタブー視されてきた事柄でした」
と、さりげなく述べているが、これこそ勇断であり、英断である。暗殺されたシャプドゥン・ジクメ・ドルジの子孫に生まれ、暗殺者である二代国王ジクメ・ワンチュックの孫である現四代国王ジクメ・センゲ・ワンチュックの王妃となった著者の、懊悩葛《おうのうかっ》藤《とう》の末の、怨讐《おんしゅう》を超えた決断であろう。これによって、ブータン近代史に重くのしかかっていたタブーは一掃され、一挙に風通しがよくなった。長年にわたって、シャプドゥン・ジクメ・ドルジに関する史書をいくつも読み、いろいろな口承に接しながら、真相に今一歩迫れなかった私のもどかしさは、雲散《うんさん》霧消《むしょう》した。このこと一つだけでも、私はブータン研究者として、本書の著者アシ・ドルジ・ワンモ・ワンチュックに最大級の敬意と感謝を表したい。

振り返ってみると、私が初めてブータンを訪れたのは一九七八年秋のことである。当時はまだ鎖国に近かったブータンを訪問できたのは、アメリカ人の親友であり、私がもっとも尊敬するチベット研究者 E.G. Smith 氏のお陰である。彼の紹介で、私は現皇太后アシ・ケサン・チョデン・ワンチュック陛下から招待を受けた。その後一九八一年から一九九〇年までの十年間は、ブータン国立図書館顧問の資格で首都ティンプに滞在する機会に恵まれた。その間、太皇太后、皇太后、国王、皇太子と王家の四代にわたって面識を得、その恩寵を賜った。現国王の四王妃のうち、最年長で本書の著者であるアシ・ドルジ・ワンモ・ワンチュック陛下、および最年少のアシ・サンギェ・チョデン・ワンチュック陛下とはご成婚前からの知己である。その他、数多くの王家の方々とも知遇を得た。改めて思うと、四世代にもわたって接することができた家系は、私の個人的な交友範囲には他になく、ブータン王家は、私にとってもっとも親しい付き合いのある家族と言えるであろう。

著者は「父の人生をご紹介することで、ブータンについての理解を深めていただけたらうれしく思います」（「序文および謝辞」3頁）と述べているが、本書はブータン近・現代史に関する、他書にはない貴重な情報に満ちている。と同時に人間味のある、詩情にあふれた一つの半生記でもあり、ブータン人の価値観の真髄をみごとに伝えている。それゆえに、私家版を贈呈されて以来、本書を邦訳出版できたらと願っていた。この度、阿含宗管長桐山靖雄師のブータン・チベット文化に対する深い理解と、寛大な援助により、その運びとなったことは、私にとってこの上ない喜びであり、師に対して甚深の謝意を表します。

また、本訳書の刊行をお引き受けいただいた平河出版社の森眞智子社長にも、心から謝意を表します。

装幀者の杉浦康平氏とは、私がブータン国立図書館顧問であった一九八二年に、故ロンポ・サンギェ・ベンジョル(当時郵政大臣)氏から委任されて、ブータンの切手デザインを依頼して以来の旧知である。今回も、装幀のみに限らず、本訳書を一層読みやすい本にするためのいくつかの貴重な助言をいただいた。

訳者の鈴木佐知子さんと武田真理子さんは、以前にも共訳者として仕事をしたことがあるが、今回は私が監修者となり、翻訳は彼女たちに一任した。私と彼女たちとは、高校の先輩後輩の関係に当たり、そのうち一人の母と私とは同級生でもある。不思議な縁を感じる。

「序文および謝辞」に言及されているカルマ・ウラ氏は、本書の翻訳が進行中日本に滞在し、いくつかの疑問点に関し、的確な答えをいただいた。

本訳書が予定通り刊行できたのは、平河出版社の小田潔・藤井愛子両氏の周到な進行のお陰である。

最後に、アシ・ドルジ・ワンモ・ワンチュック王妃に、本訳書の出版に合わせ来日いただけたことは、関係者一同にとってこの上ない栄誉であり、喜びである。

タシデレ(吉祥あれかし)

二〇〇四年九月一日

今枝由郎

訳者あとがき

本書は、現ブータン王妃（四人姉妹）の父、ヤプ・ウギェン・ドルジがみずから語った波乱の半生を、娘であるアシ・ドルジ・ワンモ王妃が聞き書きし、まとめたものである。もともとはブータンの国語であるゾンカ語で語られたものを、王妃が英訳・出版し、今回の日本語訳出版に至った。

語り手のヤプ・ウギェン・ドルジは、ブータン最高位の転生ラマの一人、シャプドゥン・ジクメ・ドルジを叔父に、もう一人のチョクレ・トゥルク・ジクメ・テンジンを兄として、社会的・宗教的に重要な地位を占める名家に生まれた。ところが一家は、政治権力の移行期にあったブータンの政争に巻き込まれ、語り手が六歳の時に叔父シャプドゥンが暗殺、さらには兄のチョクレ・トゥルクにも危険が迫り、やむなくブータンを逃れることになる。

それ以後、一家は流浪の生活を強いられ、貧困や家族の死——語り手の兄チョクレ・トゥルクの病没も含め——など数々の苦難に見舞われ、語り手は逆境の中で少年期、青年期を過ごした。

やがて帰国を許されると、語り手は近代化へと邁進する祖国と歩調を合わせるように、試行錯誤しながら努力を重ね、事業家として成功を収めていく。そして、最愛の妻トゥジとの間にもうけた九人の子供のうち、次女ドルジ・ワンモ、三女ツェリン・ペム、四女ツェリン・ヤンドゥン、五女サンギェ・チョデンが、現四代国王ジクメ・センゲ・ワンチュックと結婚し、自身が王妃の父となるという栄誉に恵まれる。

『虹と雲』という本書のタイトルは、そうした語り手の人生——輝かしい幸福と不遇の時代とが激しく交錯する、複雑な人生を象徴している。その波瀾万丈の人生を綴った本書は、今枝由郎氏が監修者あとがきで述べているように、そのままブータン近・現代史の第一級の史料である。と同時に、ひとりのブータン人が、母国語で内側からブータンを語った、大変貴重でユニークな本といえるだろう。

文中では、日々の暮らしや遊び、祭りなど、興味深い風習がつぶさに語られ、私たちは語り手の視線を借りて、ありのままのブータンをかいま見ることができる。顔立ちや礼儀正しさ、米食、着物を着ること、仏教の信仰など、ブータン人には日本人との共通点が多いといわれる。だが注目すべきは、淡々とした語りの節々に感じられる、家族に対する深い愛情、友人や共同体の人々との強いきずな、信仰に根ざした生活態度であろう。

特に仏教の信仰は、日常生活にまで大きな影響を与えている。ブータンでは、どの家庭にも大きな仏間があり、家で一番立派な部屋が当てられているという。また本書の中でも、語り手は私財を投じて寺を寄進しているし、一九九〇年代に入ってからでさえ、神仏のお告げや様々な奇跡に遭遇している。現代の日本では大部分の人が信じないであろうこれらの奇跡を、ごく自然に受け入れる信心深さ、素朴さこそ、この国の「国民幸福度」が世界最高と言われるゆえんだろう。そんな彼らの姿には、私たちが近代化の中で失ってきた「古き良き日本」が重なって見える。本書の後半では近代化に向かうブータンの模索について触れられているが、民族衣装の着用を義務づけるほど伝統を大切にするブータンが、今後も産業振興と伝統の共存の道を歩んでくれることを願ってやまない。

なお原文にはブータン特有の固有名詞が頻出するため、紙面上の煩雑さを懸念しつつ、適宜言葉を補い、訳注を付した。

王妃が日本語版に寄せたメッセージで述べているように、「異なる国の人間どうしの交流は、往々にしてささやかなきっかけから生まれるもの」である。本書の翻訳出版が、ブータンと日本にとって、そうしたきっかけの一つとなることを心から祈っている。

最後に、監修者あとがきに記されている全ての関係者の方々、ならびに監修者の今枝由郎氏をはじめ、私たち訳者を見守り、支えてくださった全ての皆様に、深く感謝申し上げます。

二〇〇四年　八月二十日

鈴木佐知子
武田真理子

索引

この索引は、原書索引をもとに新たな項目を加えて作成。

索引項目に付した●＋算用数字は、「ヤブ・ウギェン・ドルジの系譜図」の人名番号（黒丸白ヌキ数字）を示す［訳者］

ア

カ

サ

【タ】

ナ

【著者紹介】

ブータン王妃 **ドルジ・ワンモ・ワンチュック** Dorji Wangmo Wangchuck

一九五五年、ブータン王国のプナカ県、ノブガンに生まれる。
その後、インドのダージリンで学校教育を受ける。
ブータンの歴史・伝説・民間伝承の研究に、とりわけ深い関心を寄せている。

【監修者紹介】

今枝由郎（いまえだ・よしろう）

一九四七年、愛知県生まれ。大谷大学史学科卒業。
一九八一—九〇年、ブータン国立図書館顧問。
チベット歴史文献学専攻。パリ第七大学国家文学博士。
現在、フランス国立科学研究センター（CNRS）研究ディレクター。
主な著書に、『ブータン』『ブータン中世史』（以上大東出版社）、
『ブータンのツェチュ祭』『ブータン・風の祈り』（共著、以上平河出版社）ほか。
主な訳書に、ダライラマ『幸福と平和への助言』、
P・ブルサール他『囚われのチベットの少女』（以上トランスビュー）ほか。

【訳者紹介】

鈴木佐知子（すずき・さちこ）

一九七三年、愛知県生まれ。
京都大学仏文科卒業。翻訳家。
主な訳書に、M・ボーグ『イエスの言葉　ブッダの言葉』（共訳、大東出版社）、
P・ホップカーク『チベットの潜入者たち』（共訳、白水社）ほか。

武田真理子（たけだ・まりこ）

一九七三年、愛知県生まれ。
名古屋大学言語学科卒業。翻訳家。
主な訳書に、M・ボーグ『イエスの言葉　ブッダの言葉』（共訳、大東出版社）、
P・ホップカーク『チベットの潜入者たち』（共訳、白水社）ほか。

Bhutanese and Tibetan Buddhist Culture Series
ブータンチベット仏教文化叢書❶

虹と雲　王妃の父が生きたブータン現代史

二〇〇四年十月十日　第一版第一刷発行

【著者】ドルジ・ワンモ・ワンチュック
【監修者】今枝由郎
【訳者】鈴木佐知子＋武田真理子
【デザイン】杉浦康平＋佐藤篤司　〈協力〉宮脇宗平
〈地図製作〉白砂昭義〈ジェイ・マップ〉
【発行者】森 眞知子
【発行所】株式会社平河出版社
〒一〇八—〇〇七三　東京都港区三田三—四—八
電話〇三—三四五四—四八八五　Fax.〇三—五四八四—一六六〇
郵便振替　00110-4-117324
【印刷所】凸版印刷株式会社
【用紙店】中庄株式会社

ISBN4-89203-327-8 C0323

ブータン・チベット
仏教文化叢書

二十一世紀を迎え、人類は新しい活路を開こうと努力していますが、
人類史上かつてなかったさまざまな課題に直面しています。
その原因の一つは、先進諸国主導の政治・経済活動が、
利潤追求を第一義とした資本主義に基づいていることでしょう。
現在人類が抱えている問題の多くは、
この基調に内在的なものであって、それが変わらない限り、
問題は解決されるどころか、いっそう深刻になるばかりでしょう。
資本主義とは根本的に異なる、新たな指針を見い出すことが急務です。
地球上にはさまざまな民族があり、それぞれ独自の歴史、文化、宗教、伝統
を築き上げてきました。各々に、栄枯盛衰がありますが、
現在は欧米社会が産み出した資本主義の時代と言えるでしょう。
しかし、それ以外にも、それに劣らぬ歴史を持ち、個性のある主義・文明は
数多くあります。その一つが、チベット文明です。まだ認知度も低く、
政治・経済活動優位の世界の現状では、注目されることもありません。
しかしチベット文明は、中国文明、インド文明とならぶ
アジアの三大文明の一つと言えるでしょう。
政治亡命という逆境にありながら、非暴力闘争を続け、
ノーベル平和賞に輝いたダライ・ラマ十四世を国家元首・指導者として仰ぐ
チベット人、開発途上国でありながらも、国民総生産(GNP)で計る
経済発展ではなく、国民総幸福(GNH=Gross National Happiness)を
国の目標とするブータン人、この両民族の生き方は、
多くの矛盾と弊害を生みつつ資本主義に邁進する世界の風潮とは
本質的に異なるものがあります。
チベット文化は、寛容、慈悲、叡智といった大乗仏教の崇高な理念に基づき、
自然界の一員としての人間の精神的充足を追求し、豊かな人間性を
培ってきました。その文化は、未開発の宝庫であり、
私たちの将来を考える上で、貴重な指針を与えてくれる
豊かな源泉であると確信します。本叢書が、その宝庫を開く鍵を
提供できれば、監修者としてこの上ない幸せです。

監修者・今枝由郎

ブータン全図
N
国境
県境
主要地
0
40km
中国
チベット自治区
ギャンツェ
ガサ
プナカ
パロ
ティンプ
ハ
パリ
シッキム州
ヤトゥン（チョモ）
ガントク
ペドン
カリンポン
ダージリン
シリグリ
西ベンガル州
サムツィ
チュカ
プンツォリン
ダガナ
ツィラン
サルパン
ゲレフ（旧ハティサ）
ワンディ・ポダン
トンサ
ブムタン
ジャカル
シェムガン
ルンツィ
モンガル
タシ・ヤンツェ
タシガン
ペマ・ガツェル
サムドゥプ・ジョンカ
サムドゥプ・ジョンカ（旧グダマ）
アルナチャル・プラデシュ州
ドムカル・メロン（タワン）
アッサム州
インド
パロ谷
プナカ谷
パキスタン
ネパール
ブータン
バングラデシュ
ミャンマー
タイ
ベンガル湾
スリランカ
1000km
至ガサ、ラヤ
リムチュ
ソナガサ
セウラ
ポチュ川
モチュ川
プンツォ・ペルリ
ゾムリンタン
ノブガン
プナカ・ゾン
タロ
至ティンプ
ドチュ・ラ峠
チメ・ラカン
ワンディ・ポダン・ゾン
ドゥギェル・ゾン
タクツアン
キチュ・ラカン
リンプ・ゴンパ
クンガ・チュリン
サン・チュコル
パロチュ川
パロ・ゾン

「ブータン全図」は、原書の図をもとに作成。新たにプナカ谷とパロ谷の拡大図を付した―訳者